世紀
人物 100

科學之父

牛頓

唐念祖　著

三民書局

獻給孩子們的禮物

主編的話

世界上最幸福的孩子，是他們一出生就有機會接近故事書，想想看，那些書中的人物，不論古今中外都來到了眼前，與他們相識，不僅分享了各個人物生活中的點滴，孩子們的想像力也隨著書中的故事情節飛翔。

不論世界如何演變，科技如何發達，孩子一世幸福的起源，仍然來自於父母的影響，如果每一個孩子都能從小在父母親的懷抱中，傾聽故事，共享閱讀之樂，長大後養成了閱讀習慣，這將是一生中享用不盡的財富。

三民書局的劉振強董事長，想必也是一位深信讀書是人生最大財富的人，在讀書人口往下滑落的多元化時代，他仍然堅信讀書的重要，近年來，更不計成本，連續出版了特別為孩子們策劃的兒童文學叢書，從「文學家」、「藝術家」、「音樂家」、「影響世界的人」系列到「童話小天地」、「第一次」系列，至今已出版了近百本，這僅是由筆者主編出版的部分叢書而已，若包括其他兒童詩集及套書，三民書局已出版不下千百種的兒童讀物。

劉董事長也時常感念著，在他困苦貧窮的青少年時期，是書使他堅強向上，在社會普遍困苦，而生活簡陋的年代，也是書成了他最好的良伴，他希望在他的有生之年，分享這份資產，讓下一代可以充分使用，讓親子共讀的親情，源遠流長。

「世紀人物100」系列早就在他的關切中構思著，希望能出版

孩子們喜歡而且一生難忘的好書。近年來筆者放下一切寫作，接下這份主編重任，並結合海內外有心兒童文學的作者共同為下一代效力，正是感動於劉董事長致力文化大業的真誠之心，更欣喜許多志同道合的朋友，能與我一起為孩子們寫書。

「世紀人物100」系列規劃出版一百位人物故事，中外各占五十人，包括了在歷史上有關文學、藝術、人文、政治與科學等各行各業有貢獻的人物故事，邀請國內外兒童文學領域專業的學者、作家同心協力編寫，費時多年，分梯次出版。在越來越多元化的世界中，每個人都有各自的才華與潛力，每個朝代也都有其可歌可泣的故事，但是在故事背後所具有的一個共同點，就是每個傳主在困苦中不屈不撓，令人難忘的經歷，這些經歷經由各作者用心博覽有關資料，再三推敲求證，再以文學之筆，寫出了有趣而感人的故事。

西諺有云：「世界因有各式各樣不同的人群，才更加多采多姿。」這套書就是以「人」的故事為主旨，不刻意美化傳主，以每一位傳主的生活經歷為主軸，深入描寫他們成長的環境、家庭教育與童年生活，深入探索是什麼因素造成了他們與眾不同？是什麼力量驅動了他們鍥而不捨的毅力？以日常生活中的小故事，來描繪出這些人物，為什麼能使夢想成真。為了引起小讀者的興趣，特別著重在各傳主的童年生活描述，希望能引起共鳴。尤其在閱讀這些作品時，能於心領神會中得到靈感。

和一般從外文翻譯出來的偉人傳記所不同的是，此套書的特色是，由熟悉兒童文學又關心教育的作者用心收集資料，用有趣的故

事，融入知識，並以文學之筆，深入淺出寫出適合小朋友與大朋友閱讀的人物傳記。在探討每位人物的內在心理因素之餘，也希望讀者從閱讀中，能激勵出個人內在的潛力和夢想。我相信每個孩子在年少時都會發呆做夢，在他們發呆和做夢的同時，書是他們最私密的好友，在閱讀中，沒有批判和譏諷，卻可隨書中的主人翁，海闊天空一起遨遊，或狂想或計畫，而成為心靈知交，不僅留下年少時，從閱讀中得到的神交良伴（一個回憶），如果能兩代共讀，讀後一起討論，綿綿相傳，留下共同回憶，何嘗不是一幅幸福的親子圖？

2006 年，我們升格成為祖字輩，有一位朋友提了滿滿兩袋的童書相送，一袋給新科父母，一袋給我們。老友是美國國家科學院院士，曾擔任過全美閱讀評估諮議委員，也是一位慈愛的好爺爺，深信閱讀對人生的重要。他很感性的說：「不要以為娃娃聽不懂故事，我的孫兒們一出生就聽我們唸故事書，長大後不僅愛讀書而且想像力豐富，尤其是文字表達能力特別強。」我完全同意，並欣然接受那兩袋最珍貴的禮物。

因為我們同樣都是愛讀書、也深得讀書之樂的人。

謹以此套「世紀人物 100」叢書送給所有愛讀書的孩子和家庭，以及我們的孫兒——石開文，他們都是世界上最幸福的孩子，因為從小有書為伴，與愛同行。

相信大家應該都聽過牛頓這個人。學過物理的人，也一定知道他提出的三大運動定律。牛頓是大家公認的現代科學之父，早在十幾年前，麥可哈特就在他的《影響世界歷史 100 位名人》一書中把牛頓的影響列為第二位。可是如果問起關於牛頓的生平故事，一般人大概只會聯想到牛頓坐在蘋果樹下，沉思蘋果為什麼會往下掉這件事。

為什麼這麼有名的人物，在多數人的眼中，卻是如此的陌生呢？

其實，對牛頓生平最了解、而將他最多的事蹟傳於後世的，應該是牛頓的甥女婿康杜特。他在牛頓去世前幾年開始，從牛頓口中得到很多的第一手資料。某些事件發生的時間和來龍去脈，康杜特的記載可能比較準確。但是不可否認的，他一定難免受到牛頓的影響，一些牛頓不想被人知道的事，他也可能省略不提了。牛頓去世後兩百年間，為牛頓寫傳記的幾位作者，大都承襲前人說法，所以牛頓的生平相當的神祕。因此一般人對牛頓的了解也就不太深入。

1930 年代，有一批牛頓的文件和手稿被發現而公諸於世。人們對他才有了更進一步的了解。

原來，牛頓在冶金或煉丹上花了很多的功夫和時間，並留下了超過百萬字的手稿。

牛頓在這方面的研究，增進了他對原始化學的了解，啟發了他發現萬有引力定律的靈感，對他後來在鑄幣廠的工作也有極大的幫助。他對煉丹術的興趣是否有迷信的成分，那就不是我們後人能猜得到的了。研究煉丹術在當時是非法的行為，牛頓自然不想隨便讓人知道。他晚年燒燬了許多相關文件，使得他在這方面的很多觀點和心得都隨風而逝了。

從牛頓留給後世的最重要遺產——《數學原理》一書中，人們可以看出牛頓超人的智慧。他把宇宙天文的現象，以數學的方式，用最優雅的形式說明出來。這樣高深的學問，需要有長年累積的堅實基礎，加上絕頂聰敏的智力和無窮的想像力，才能創造得出來。如此深奧艱鉅的任務，歷史上沒有幾個人成功過，牛頓卻做到了！

但是，高處不勝寒，人前成就非凡的牛頓，私下時的孤獨和寂寞是可想而知的。反過來說，牛頓之所以能成功，是否正因為他能夠忍受孤獨和寂寞呢？

牛頓的童年，可以算是相當的不幸。他是個從來沒有見過父親的遺腹子，且因為母親改嫁又形同被遺棄。他孤僻的個性，可以說完全是這樣的遭遇所造成的。一個兩三歲大的孩子，眼看自己唯一可以依靠的母親離他而去，當然會讓他對人產生不信任感。另一方面，他為了生存下去，必須自己堅強獨立。在這樣的環境中所養成的性格，對牛頓有正面、也有負面的影響。

也許是因為牛頓的孤獨和不快樂，使得他把自己的注意力全都放在求知上，希望從學問中求得滿足。或許就因為牛頓能忍受孤獨，他才能專心一志的苦學求知，度過無數獨處的日子。但是因為牛頓不信任別人，所以他多年來都不願意發表他的學說和理論，日後才會有跟萊布尼茲的爭議，以及其他的糾紛。

表面上看來，在關於微積分的爭執上，當時牛頓好像贏了萊布尼茲，可是牛頓是否真的是個絕對的強者呢？我們回顧一下牛頓獨處的日子，會覺得他很值得同情。他曾有過精神崩潰的現象，也有過其他的病痛。一輩子從未結婚的他，好像沒有享受過什麼溫情。一直到晚年，他唯一的親人——他的甥女——搬到倫敦跟他住，他才嚐到一點家庭的溫暖。

縱觀牛頓的一生，從一個先天不足的早產兒，被迫在逆境中成長，到日後功成名就，還一直活到八十五歲的高齡，實在不簡單。而他為了追求目標，顯現出無窮的生命力和堅強的意志力，更是令人欽佩。

但不可諱言的，牛頓性格上的缺陷也的確造成了其他人的痛苦。然而，更重要的是，牛頓不管做任何事，他都一絲不苟、全力以赴，不達目的絕不罷休。所以他除了學術上的成就之外，在擔任鑄幣廠廠長和皇家學會會長的任內，都有突破性的貢獻。這種敬業精神，

值得每一個年輕人學習。

　　歷史上，經歷過不幸的人比比皆是，但像牛頓這樣願意奮力抵抗而有劃時代的貢獻者，卻是少之又少。希望牛頓的生平故事能給身處逆境的讀者，帶來一些激勵和啟發，找到自己的生命目標，走上光明充實的前途。

寫書的人

唐念祖

　　從小就喜歡看書，臺灣大學土木系畢業後，到美國加州大學的戴維斯和柏克萊留學，先後讀了結構工程和企業管理兩個碩士。興趣廣泛的他，編寫過劇本也演出過話劇，還發表過一些文章。他喜歡登山、跳舞、攝影，也喜歡烹飪、閱讀和電影。

科學之父

牛頓

目次

世紀人物
100

牛　頓

1642～1727

1 偉人的光輝遺跡

　　一個寒風細雨的冬天，倫敦市區裡，一對觀光客夫妻周先生、周太太找到了他們嚮往已久的西敏寺教堂。對歷史有興趣的周太太，一直想要來此地看看，因為這是英國歷代國王登基加冕以及舉辦婚喪喜慶隆重大典的地方，也是王室家族和名聲顯赫的貴人去世後安息之處。任職工程師的周先生，最好奇的是長眠於此的牛頓。

　　周先生站在西敏寺教堂前面，跟太太說：「妳看，這種哥德式建築高聳的尖塔，自然的就會吸引人往上仰望。」周太太說：「這就是西方教堂的特點之一，利用建築結構讓人們聯想到宗教裡上天對人類的重要性。」周先生說：「有趣的是，牛頓在天文和神學

上都有他獨特的見解，大概都是他從小往天上看的時候得來的靈感吧？」

他們一跨進教堂，就覺得像是回到了幾百年前的時光。只有很微弱的室外光線從高高在上的彩繪玻璃窗透進來，所以到處都很陰暗。教堂雖然不小，可是埋葬在此的人很多，狹窄的走道拐彎抹角。即使冬天是旅遊淡季，遊客稀少，可是仍然走不快。周太太說：「想想上千年改變歷史的風雲人物都在此化為塵土，難怪我們感受到無比莊嚴肅穆的氣氛。」

本來夫妻倆準備自己找牛頓的墓碑，可是繞了好久之後，發現有幾千人埋葬在此，要找一個特定的墓碑可不是件容易的事。於是他們找了西敏寺教堂裡的講解員幫忙。這位穿著十分古典的暗紅色制服的講解員，聽他們說

要找牛頓的墓碑，不禁笑著說：「哈哈！自從《達文西密碼》這部小說出版以來，好多來觀光的遊客都好奇的要親眼看看牛頓的墓碑。」周太太說:「是呀！我也想知道那小說裡究竟有多少內容是真有其事呀！」

經過講解員的指點，在靠近教堂唱詩班席位進口的地方，他們終於看到雕刻精緻的牛頓紀念墓碑。墓碑材質完全是白色和灰色的大理石。周先生指著最底下的基座說:「妳看，這上面雕刻的好像都不是英文吧？」

周太太說:「我記得在書上讀過，17世紀的時候，歐洲主要大國的科學家和哲學家都是以拉丁文來溝通。他們認為拉丁文是最正式而又能保持恆久的文字。牛頓的重要論文也是以拉丁文發表的。這裡是他長眠之處，自然是要用拉丁文啦！我猜這些文字一

定是敘述他的生平，讚頌他對科學的貢獻。」

周先生說：「有道理。妳看，這座落在基座上的石棺表面的浮雕，刻的這些孩童在使用的儀器，一定也跟牛頓的成就有密切關係。望遠鏡當然是他在天文物理研究上隨時使用的，三稜鏡顯然是表示他在光學上的創見。可是，這裡刻的這臺機器又代表了什麼呢？」他向附近的一位講解員請教，才知道那是鑄幣廠的機器。

夫妻兩人都很意外，周太太說：「鑄幣廠？我從來沒有聽說過牛頓跟鑄幣廠有什麼關係。」講解員笑著說：「大多數的人都不太知道。因為這工作跟牛頓最有名的物理和數學發現看起來是風馬牛不相及的。」

他們再回頭繼續看石棺，上面是牛頓斜坐的全身雕像。他的

右肘輕靠在一堆書上。講解員跟他們解釋說:「這些書的書名代表了他的學術成就:《神學》、《年代學》、《光學》、《自然哲學的數學原理》。他的左手指著一幅由兩個小天使拿著的捲軸,上面有些數學公式。背景是一座金字塔,上有一個代表天體的圓球,裡面有一大堆大小星球,還特別顯示出 1680 年出現的大彗星,頂上坐著代表天文星象的女神。」

講解員說:「如果我們仔細觀察牛頓紀念碑,可以看出他在科學各方面的成就,都是永垂不朽的。可是正如同西敏寺教堂裡精美細緻的建築雕塑和迂迴曲折的狹窄走道一般,牛頓的生平既有豐富偉大的貢獻,也充滿了陰暗迷濛的神祕性。牛頓一生的神祕,跟他的孤獨性格有關。而他的孤獨個性,又多半是他童年讓

人同情的遭遇造成的。」

　　周先生向講解員請教：「我們這次旅遊的行程，還沒有完全決定。反正我們的假期還長，如果藉此機會探訪牛頓一生所到之處的遺跡，以您的專業意見看來，這可行嗎？」周太太在一旁說：「好主意！」講解員說：「牛頓在世八十幾年，一生活動主要有三個地方，都在一百多公里的範圍內。他的出生地，沒有什麼特殊的景色。不過，你們如果對牛頓的成長背景感興趣，不妨走一趟，那麼這次的旅行就別具意義了。」兩人就如此決定了，先去牛頓的出生地走訪。

　　夫妻兩人經過講解員指點，駕車往北走了一百多公里，來到位於英國林肯郡的小城市烏爾索普。正如講解員說的，沿途沒有什麼漂亮的風景，因此，也就沒有什麼觀光客，他們一下就找到

了牛頓出生的房子。

這是一幢用石頭建成的兩層樓房。由於是英國國家的遺產寶物，雖然是已近四百年的老建築物，依舊維護得相當不錯。外表看到的石磚和直式窄窗，給人一種井然有序的感覺。

房子裡頭走廊和房間的牆壁上，有很多幾何圖形和數學公式的痕跡，都是牛頓動手用小刀刻的。據說，牛頓小的時候任何空白的表面都要利用，或寫或畫。樓上房間還有牛頓親手釘的一片壁板，因為他怕吵，想要有良好的隔音。書桌都很高，因為17世紀的時候英國人都站著寫字。

樓房前有一株老蘋果樹。據說是從當年觸動牛頓發現萬有引力靈感的那棵蘋果樹接枝而來的。

周先生和太太兩人參觀了牛頓的出生之處出來後，天色已

晚，便在這個小城找了家旅館住下。

　　周太太對先生說：「我看了牛頓小時候的住處之後，對他的童年更加好奇了。我們明天再找人多問一些牛頓的童年事蹟好嗎？」周先生完全同意。

　　第二天早上，他們到當地的一座小圖書館，找到一位年長的圖書館員哈里森先生，請教他關於牛頓在家鄉長大期間的故事。這位哈里森先生很以自己家鄉出身的偉人為榮，非常樂意為這對遠來的遊客介紹牛頓的事蹟。

2 孤獨伶仃的童年

　　哈里森先生說:「烏爾索普這個小地方，本來在歷史上沒沒無聞。羅馬人曾經征服過這裡，還留下來些大馬路，給後人的交通帶來很多方便。可是三百多年前，這裡出了一個影響全人類的科學家。

　　「1642 年，英國國王查理一世與國會之間因衝突引起的內戰剛剛爆發。剛開始時多數地方還能維持中立，但是烏爾索普附近已經有些零星的戰事發生。這一年的聖誕節，在一些稀疏的槍聲中，牛頓就出生在這個鄉下的一戶農家裡＊。

　　「他是個早產兒，體質虛弱，身軀細小，頭顱特大。據說他身體小到可以放進一個湯鍋裡面，可是大人抱著他的時候，因

為人他頭重，一定得用手支撐著他
的脖子。剛出生時大多數見到他
的人都認為，這個嬰兒恐怕活不

放大鏡　＊牛頓的生日究竟是哪一天？

　我們這裡說是 1642 年的聖誕節，可是有些歷史書上記載的牛頓生日是 1643 年的 1 月 4 日。其實兩個日子都並不算錯。

　因為當時英國用的曆法是舊的儒略曆，而多數歐洲其他國家用的不一樣，是新的格里曆。那一年儒略曆的聖誕節 12 月 25 日，是格里曆次年的 1 月 4 日。

　準確的太陽一年週期是 365.2425 天。歐洲的天文學家首先發明出儒略曆。他們用每四年一閏年有 366 天的方式來配合太陽週期。剛開始用的時候很不錯，但是因為剩餘的零頭累積下來，每四百年就多出來三天，使得這曆法跟太陽的週期形成了越來越顯著的誤差。

　為了糾正這個問題，新的曆法增加了一些比較複雜的規則。每四年一閏年如果碰上世紀末，例如 1400 年、1500 年，就不算閏年。但是每四百年，像 1600 年、2000 年，就仍然算閏年。如此在計算閏年上，每四百年去掉三個閏日的調整，就可以準確的配合太陽週期了。1582 年時，天主教的格列哥里十三世教宗下令天主教國家都採用這新曆法——格里曆，同時在那年 10 月 4 日的第二天訂為 10 月 15 日，去消除這累積下來的多餘的十天。

　（讀者可以很容易計算：四百年的太陽週期是 365.2425 天乘以 400，等於 14 萬 6097 天。365 天乘以 400 等於 14 萬 6 千天。這多出來的九十七天，用格里曆才是準確的調整方法。）

　英國明知自己用的曆法不符合天文學上的計算方式，造成了很多不方便的地方，可是因為英國脫離了天主教，改信英國國教，為了愚蠢的面子問題，一直不願更換。後來到 1752 年才去除多餘的十一天（過了一百多年，誤差又多了一天），改為採用格里曆。

了多久。誰知道他不僅存活下來，後來竟然還活到了八十五歲。在那個年代算是相當長壽了。

「因為牛頓在聖誕節出生，他覺得自己跟耶穌基督的生日同一天，有些特殊的意義，所以長大後花了很多時間研究宗教和神學，有很多特殊的見解。另一方面，他出生的這一年，又是有名的天文學家伽利略去世的一年，所以他覺得在研究天文上也有特殊的使命感。」

哈里森先生接著說：「牛頓是個遺腹子，他父親在他出生前三個月就去世了，死時只有三十六歲。這位父親不但不識字，也沒有受過任何教育，他留下來的遺產，據說只有幾頭羊、一些大麥和簡陋的傢俱而已。」

周先生說：「這麼少的家產怎麼過活呀？」

　　哈里森先生說：「是呀！牛頓母親掙扎了兩三年，實在沒錢再撫養他，只好改嫁給一個年齡很大可是相當有錢的史密斯牧師。史密斯牧師這人氣量很狹窄，不讓牛頓母親把兒子帶進門，她只得把剛剛過三歲生日的牛頓留在家鄉，託給外祖父母撫養。接下來的七年半，一直到牛頓的繼父史密斯去世，他們夫妻竟然從來沒有把牛頓接到他們家去住過。」

　　周太太聽得很難過，問哈里森先生：「牛頓的繼父如此狠心，我也許還可以相信，可是牛頓的母親又怎麼忍心呢？」

　　哈里森先生回答說：「作親生母親的當然捨不得，她對牛頓是非常疼愛的。可是她為了生活，可能也只好咬緊牙關，忍氣吞聲吧。我們存有一些牛頓母親寄給牛頓的信。她沒有受過什麼教育，寫的文字非常粗淺。可是字

裡行間還是可以感受到她對牛頓的關懷和深刻的歉疚。這段歲月，母子兩人過得都很辛酸！」

周先生說：「從來沒有見過父親一面的牛頓，才三歲母親就又離開了他。這對他幼小的心靈，一定造成了極大的打擊和傷害吧？」

哈里森先生說：「牛頓沒有嘗過父愛又得不到母愛，他跟撫養他的外祖父母似乎也沒有什麼感情。他成年之後，從來沒有跟別人提起過他們。附近住的一些表親和堂兄弟，彼此也沒什麼來往。這樣的童年使得他的個性孤僻，不喜歡跟人來往，對人也不願意輕易相信。從牛頓留下來的筆記本，我們可以看到他在漫長寂寞的童年時期，產生種種陰暗負面的想法。其中有他對繼父的仇視和連帶對母親的怨恨。你想想他這麼小，才剛開始懂事的年

齡，卻是在這樣子情況下渡過，實在是很值得同情的。」

周太太問說:「牛頓的童年太可憐了。人一生中個性習慣的養成，就是在童年這短短的幾年。這麼一個偉人，童年竟然是如此的淒涼。他後來就一直沒有再跟他母親重聚了嗎?」

哈里森先生回答說:「牛頓十歲的時候，他的繼父去世了。他的母親和他繼父結婚七年半，生了三個孩子。牛頓的母親帶著他同母異父的一個弟弟和兩個妹妹搬回家來住。母親雖然重新回到了他身邊，可是她多了三個幼兒要照顧。牛頓到底心中有什麼感觸，就很難說了。」

3 渴求知識的學生

　　周先生問說：「牛頓一生有那麼多的偉大發現，他童年時期的求學情形一定跟常人不同吧？」

　　哈里森先生說：「歷史上的記錄不多，不過我們還是可以從零星片段看出他的不凡。雖然牛頓對他的繼父毫無感情，可是他繼父留下來的書對他倒是有些影響。因為他繼父的職業是傳教的牧師，有一大堆神學的書籍。好奇心強的牛頓，對這種一般人不很感興趣的題材，都仔仔細細的研究。

　　「跟母親同住的這段時光並沒有多久，兩年後牛頓離家去上中學，住在學校附近一位克拉克先生家中。這位克拉克先生是一位藥劑師。」

　　周太太問：「當時的藥劑師和

現代的很不一樣吧？」

哈里森先生說：「17世紀時的藥劑師在一般人的眼中，很受人尊重而又略帶神祕的色彩。人們有了疾病需要仰仗他們供給醫藥。走進他們藥味撲鼻的藥房裡，看著他們從陳列的各形各色裝有藥粉、藥水的瓶瓶罐罐中，選出需要的藥材，用精細的儀器衡量調配出治病的藥物，沒有人不感到神奇的。牛頓年輕的時候接觸到這樣一種環境，對他日後研究學問的興趣，有絕對的關係。

「牛頓在他的筆記本中，記載了兩百種疾病，還抄錄了一些治病的藥方。比如說，手術刀傷的治療，他寫下了這樣子的藥方：用少量的薄荷和艾草，三百隻去了頭的蜈蚣，搗碎後混入灰泥，泡在四加侖的麥酒裡，然後每天喝兩三次。」

　　周太太說：「哇！這種藥誰敢喝呀？」

　　周先生問說：「牛頓除了讀書以外，有些什麼活動呢？」

　　哈里森先生說：「上了學的牛頓還是一個獨來獨往的沉默男孩。除了克拉克先生家的一位女孩之外，他沒有其他的朋友。牛頓對木工和機械最感興趣，也有一雙巧手。他沒有經過任何訓練，光是靠自己的觀察研究，就能模仿做出很精確的各種器物。

　　「他替克拉克先生女兒的洋娃娃做了個很講究的小木屋，裡頭還擺有各式各樣的小小傢俱。最讓當地居民驚訝的是，牛頓仔細觀察村裡的一座風車之後，自己動手製作了一座小型的風車。不但外形有模有樣，而且可以正常運轉。有風的時候，風推動風車；沒有風的時候，他把一隻小老鼠放在裡面，老鼠跑的動力就

推動了風車。他把這座小風車安裝在克拉克先生家的屋頂上。另外，牛頓還給自己製造了一輛複雜的四輪車，坐在上面可以用手桿操縱行駛。他也做了可以點火的燈籠，晚上還把燈籠綁紮在風箏上，放到天上飛出去嚇人。幸好沒有造成什麼意外或火災。」

周先生說：「那聽起來牛頓並不是死讀書的學生囉？」

哈里森先生說：「他當然不是死讀書的人。可是這並不表示他不認真讀書。牛頓這時候已經顯示出他日後做學問的嚴謹態度。他自己花錢買了幾本書來研究以後，製作出以水流速度來計算時間的水鐘，和利用太陽影子的移動來指示時間的日晷，全都準確精細。他的筆記本一絲不苟的記載著每天各個房間內各處太陽影子的位置，以及位置會隨著一年到頭各季節而不同的關係。一直

到他晚年，這種習慣都沒有改變。在他熟悉的房間裡，他常常可以不看鐘錶，只看日影，就知道相當準確的時間。

「就像他在家裡的時候一樣，牛頓在克拉克先生家住的房間牆壁上，刻畫了各式各樣的幾何圖形和各種他觀察到的鳥獸、人物、植物、車船的形狀。他的筆記本裡也有他計算風箏的架構和綁紮的細節。可見他即使在遊玩消遣的時候，也在認真的用腦。」

周太太問說：「他在學校裡是不是表現得很特出呢？」

哈里森先生說：「牛頓剛開始上學的時候並不見得如何優異，老師們甚至於還覺得他是個注意力不集中，又不合群的問題學生。學校裡其他的男生常常欺負牛頓。牛頓原先怕他打不過別人，就忍氣吞聲。後來被逼得受

不了了了，終於被迫還手，跟一個對他最壞的同學打得兩人頭破血流。結果他想通了，認為最好的報復方法就是在學業成績上超過別人。果然，一旦他把心放在功課上，就沒有人能跟他比了。從此學校裡的校長和老師對他另眼相看，認為他是最聰明的學生了。」

周先生問說：「牛頓在學校裡喜歡哪些科目呢？」

哈里森先生說：「牛頓對於語言很感興趣。當時他在學校裡上的課程，主要就是拉丁文。他在這時期奠定下的拉丁文基礎，對於他日後與歐洲各國科學家的順利溝通，有絕對的幫助。學校裡並沒有什麼數學和其他科學方面的課程，但後來牛頓卻能夠提出空前的創見，發明了微積分和發現萬有引力定律，這就是他才智絕頂聰明的表現了。」

　　周太太說：「這確實不簡單！我無法想像一個人如何能這樣創造出一門學科來。」

　　周先生說：「豈止一門？他還創造出好幾門學科呢！」

　　哈里森先生說：「牛頓如此的特殊才華，差一點就完全被埋沒了。他十七歲那年，他母親看他成年了，要他停學，回家管理家中的產業。牛頓非常不情願，做起事來也心不在焉，常常會出狀況。母親叫他去放羊的時候，他跑到河邊去製造水車，羊群跑到鄰家，踐踏破壞了別人的玉米田，他母親還得賠錢加上道歉。母親派他去市場賣家裡的農產品的時候，牛頓吩咐跟他同去的家僕先把他放下車來。他就待在路邊看自己的書，或者跑到克拉克先生家去瀏覽他豐富的藏書，叫家僕等到東西賣完了再來接他一起回家。」

　　周先生說：「好像很多特別突出的天才都有這種不太聽話的毛病嘛！」

　　哈里森先生說：「一點兒也沒錯。牛頓和家僕從市場回家的路上會經過一處陡坡。通常人們為了減輕馬的負擔，到此都會下馬步行，過了坡頂之後，再上馬繼續剩餘的路程。有時候牛頓下馬後一面步行一面思考他的問題，想得太專注入神，忘了再騎回馬上，就如此一路走回家。甚至於有一次，馬等得不耐煩，自己跑回家去了，牛頓手上還拿著空的牽馬繩在想他腦裡的問題呢！

　　「正當牛頓的母親對這個兒子的未來方向，不知道怎麼樣才好的時候，有兩個人出來替牛頓說話了。

　　「一個是牛頓的舅舅。他對牛頓的母親說：『妹妹，妳要想清楚，怎麼樣做，才是對這孩子最

好的安排。我自己在劍橋大學讀書的那幾年，是我一生中收穫最大、成長最快的時期。牛頓這孩子聰明過人，不給他機會去吸收新知識，枉費他如此的腦力，實在太可惜了。』牛頓母親說:『他確實是聰明，所以我想他可以好好管理家產，讓這個家興旺起來。』牛頓的舅舅說:『我不同意妳的這個主意。如果他是個普通的孩子，這樣做也許恰當。可是牛頓不是一個平凡的少年。』

　　「牛頓母親說:『沒有讀書，不是一樣可以管理家產？他的爸爸和爺爺不就是很好的例子？一字不識還不是照樣能過得去？唉！我很捨不得他離家去上學呢！這孩子真可憐，還沒出生，父親就過世了。我為了生活改嫁出去，一晃又是七、八年。我希望他能留在我身邊，讓我好好補償他八年缺乏的母愛。』牛頓的舅

舅說:『我可以了解妳作母親的心理。可是妳也要考慮他的志趣呀！他從學校回到家的這幾個月，除了看書，妳吩咐他做的事，他對哪一樣感興趣了？這樣下去對誰都沒有好處呀！』

　　「另一位是中學的校長斯托克先生。他對牛頓的母親說：『牛頓的天分之高，是我從來沒有見過的。妳要他留在家裡而放棄學業，太可惜了。如果妳在學費上的財務負擔有困難，我可以讓學校免除他最後這兩年的學費。』牛頓母親很不好意思的說：『這……除了學費之外，他在外還要食宿的開銷呀！』斯托克校長說：『妳就讓他住在我家吧！反正我家裡有空房間，多個孩子沒有什麼差別。』

　　「這麼一來，牛頓母親沒有什麼藉口再不讓他繼續求學下去了。經過這麼樣一番折騰才再回

到學校的牛頓，更加珍惜他得來不易的求學機會，格外努力以赴。兩年後的畢業典禮上，含淚的斯托克校長特別叫牛頓站出來，在同學前稱讚牛頓的表現和成就，鼓勵大家以他為榜樣。

「雖然後來牛頓有兩次回到家鄉住過一兩年，可是就他的人生階段來說，中學畢業，可以算是他成年離家的一個里程碑。」

講到這裡，哈里森先生站起身來，對這對觀光客夫妻說：「這就是我們家鄉這位偉大名人的童年故事。」

周太太說：「謝謝您為我們敘述這段歷史。牛頓的童年確實是相當孤獨，值得同情。我想一般人如果碰上他這樣的遭遇，大概難免會怨天尤人。重要的是如何能轉化不利的環境，避免自嘆自憐，把精力投注在超越自身的更高領域上。牛頓對知識的追求，

也許就是他克服精神上孤獨的對策。」

周先生說:「不錯。他的專心投入,加上超人的聰明和遠見,正是他成為科學偉人的條件。」

周先生向哈里森先生告別說:「我們依循牛頓的生平經歷作旅程,下一站就是劍橋了。」周太太接口說:「太好了!我們高中都讀過徐志摩描寫康橋的文章和新詩,這次總算有緣能一睹真面目了。」於是兩人驅車南下。

4 閉門苦讀的
大學生活

　　劍橋的位置差不多在牛頓出生地烏爾索普與倫敦的中間。在徐志摩筆下，流過劍橋的康河是他所看過最秀麗的一條河，沿岸的草地永遠是綠的。這河的河道曲折特別多，幾座橫跨河上的拱橋，兩旁是劍橋大學各個學院的建築。每座建築各有特色，但是都顯得莊嚴卻又細緻。周先生夫妻倆很慶幸有機會欣賞到這麼幽雅的風景。

　　劍橋是一個大學城，除了校園，沒有什麼其他太大的商業和住宅區。他們很快的就找到牛頓當年所上的三一學院。在學校接待遊客的外賓室，他們請一位義工戴維斯先生為他們介紹牛頓在劍橋大學時的情況。

　　這位戴維斯先生是位滿頭白

髮，剛從劍橋退休的大學職員。他很樂意作他們的導遊，帶著他們在校園裡參觀，並且為他們仔細敘說牛頓的大學生活。

戴維斯先生領著他們先到學校的大門口。他說：「1661年的夏天，十九歲的牛頓就是從這兒進入了劍橋的三一學院。一個在鄉下農村長大的年輕人，第一次乘著馬車出遠門，到了劍橋大學這樣一個夢寐以求的最高學府，你們可以想像他心中的興奮和激動。」

周太太看著三一學院的建築，莊重的岩板上有精美的雕刻，外面牆上爬滿了翠綠的長春藤，雄偉但是又不失秀麗。前面校園中還有一座八角亭，亭頂的雕飾像是個皇冠，很吸引人注意。她問戴維斯先生：「這校園真美！當年牛頓來的時候也是這樣嗎？」

　　戴維斯先生說：「那倒不盡然。我們先回溯一下劍橋的歷史吧！劍橋大學是世界上最古老的大學之一。是八百年前，1209年成立的。而三一學院則是1546年亨利八世建立的。學校的素質從好變壞，在牛頓之後又恢復到頂尖的大學。近年來出了數不清的名人。有六個英國總理是這裡畢業的。1901年諾貝爾獎開始頒發以來，劍橋有三十二位得主，其中諾貝爾物理獎就有十三位。著名科學家像麥克斯韋、湯姆森、拉塞福都是校友。詩人拜倫、丁尼生，哲學和文學大師羅素，也是這裡造就出來的。這是我們值得驕傲的地方。

　　「當牛頓來劍橋的時代，英國連年戰爭，劍橋受到的影響不小。不只是學校的經費拮据，大學裡的教授和工作人員也因為政爭，紛紛自動或是被迫離去。校

園四周的治安很差，各式各樣的聲色場所和宵小盜賊猖獗橫行。所以學校的外觀和人事行政，都不理想。比起今天，要差之千里了。可是對當時的牛頓來說，還是足以教他震撼不已的呀！」

周先生問說：「如果當時學校經費困難的話，牛頓大概就沒有什麼獎學金之類的收入囉？那他怎麼能夠讀得起呢？」

戴維斯先生說：「你問得好。那時候的制度把學生劃分成三種等級，最有錢有勢的學生受到最好的待遇，次等的學生食宿平平，最窮的工讀生，雖然學費繳得少，卻必須像佣人一般的伺候最上等的學生，甚至於每天早上得清洗他們的夜壺。」

周太太驚訝的問說：「什麼？這樣的工作牛頓也願意做嗎？」

戴維斯先生說：「其實也沒什麼稀奇，因為很多學生都做這些

工作，所以大家也都見怪不怪了。而且牛頓還算運氣不錯，分配給他伺候的正好是個偷懶的學生，大多數時間根本就不在學校裡。所以牛頓的工作還算輕鬆，讓他有時間專注在他感興趣的學問追求上。」

戴維斯領著他們走進校園，不久來到牛頓曾經住過的宿舍。

周太太看了裡面的布置，問說：「這宿舍裡還保持牛頓當時住在這兒時的原樣嗎？」

戴維斯先生說：「三百多年了，有些東西是換過了，不過為了展覽，大致上的擺設還是跟當年差不多。」

周太太說：「這裡本來光線就相當暗了，為什麼還掛著這麼厚重的暗紅色窗簾呢？」

戴維斯先生說：「豈止是窗簾，你們看看其他的傢俱。」

周先生和太太再一看椅子、

椅墊、枕頭、床罩，不禁異口同聲的說：「全都是暗紅色！」

戴維斯先生笑著說：「對了，牛頓特別喜歡暗紅色。他平常穿的衣服，也多半是暗紅色。這是很多熟悉他的人都觀察到的現象。另外一個原因是他常常做光學實驗，需要控制光的來源。還有一個原因……」戴維斯先生忽然住口不說了。

周太太說：「還有什麼原因？」

戴維斯先生面帶神祕微笑，說：「這……我先賣個關子。我想你們先多了解牛頓的生平，我待會兒再跟你們說吧。」

周先生和太太兩人面面相覷，心中好奇，可是又覺得這樣子有個謎團，也是蠻有趣的，就先不打破砂鍋問到底了。

戴維斯先生說：「大學的環境比中學自由多了，牛頓獨來獨往的個性也比從前更明顯了。白天

他只挑自己感興趣的課去聽講，下了課就一個人回房裡看書或者在圖書館蒐集資料。」

周太太問說：「他為什麼不跟別的同學來往呢？」

戴維斯先生說：「這有很多原因。當年很多有錢的學生，進大學時就抱著享受生活的態度，白白浪費幾年寶貴的青春。牛頓是經過努力爭取才得來的求學機會，所以非常積極上進。兩種完全不同的觀念，自然是互相看不順眼。加上牛頓在中學時輟學兩年，比其他同學大兩歲，也增加了溝通的障礙。另一方面，他是清教徒，跟大多數信奉英國國教的同學宗教信仰不同。因為這種種因素，他不跟同學打交道，也不出入一般大學生常去的娛樂場所。所以牛頓幾乎沒有任何朋友。他連學校分配的室友都看不慣。一個學期之後，他找到另外

一位同樣是個性內向、沉默寡言的同學韋金斯。他們兩人成了室友，就在這間宿舍，一住三十年都沒有再搬動。韋金斯也是個神祕兮兮的人物。他和牛頓同住了那麼久，竟然沒有留下任何記錄。」

周先生問說：「牛頓在大學裡修了哪些科目呢？」

戴維斯先生說：「劍橋大學三一學院對於學生的課程並不特別嚴格的監督。這正合牛頓的胃口。他從廣泛的知識領域中，找尋自己的興趣和方向。他在學校註冊的課程和別人一樣，有：希臘文、拉丁文、希伯來文、史地、數學、神學、哲學、古典文學。可是他自己看的書，除了數學和哲學外，卻是另一套：幾何學、光學、天文學和力學。學校對這些學科不重視，所以沒有排什麼課程。劍橋大學的傳統是學

校裡會有導師帶領學生學習。可是派給牛頓的導師比較貪財，為了多賺導師費，收了一大堆學生，卻任他們自生自滅。所以牛頓的學習多半是自己獨立摸索的。」

講到這裡，戴維斯先生問周先生夫婦：「你們有沒有興趣看看牛頓的手跡呢？」

兩個人興奮的異口同聲說：「當然有興趣！」

戴維斯先生帶著他們進了學院圖書館珍藏室。在深鎖的玻璃櫃子裡，他們看到了紙頁泛黃的一些筆記本。

戴維斯先生說：「牛頓做事非常認真，從他留下來的筆記本就可以明顯的看出。他在生命每一個階段中，都用工整的書法，仔細的把他所有接觸到的學問，一點一滴的記錄下來。他在大學時期的這一冊筆記本，每隔幾頁就

有個分門別類的標題，共列了四十五項不同的主題。其中記錄最多的有：物質、位置、時間、運動、光線、色彩。所有的主題裡，最重要的是他標明『問題』的部分。這些都是他強烈的求知慾和好奇心驅策他尋求解答的表現。從這裡，我們後人才能窺見這位科學之父求學的精神和方法。」

周先生和太太兩人站在保存了三百多年的偉人手跡前，激動得說不出話來。

戴維斯先生說：「因為我們劍橋的三一學院是牛頓的母校，所以特別有心去搜集牛頓的遺物。在 2000 年的時候，有個叫做麥克里斯菲的私人財團，以六百多萬英鎊，相當於一千萬美金的價格，把牛頓五百冊筆記本和手稿，以及五百件散裝的文件賣給了我們。現在有很多專家學者在

仔細的研究分析，希望從這些文件中，能夠了解牛頓那些偉大發現和發明的過程。」

周太太興奮的問：「我們可不可以參觀這些實物呢？」

戴維斯先生說：「可惜這些珍藏文件只有在 2001 年秋天公開展覽了半年，現在都被嚴密保管，不再對外開放。」

戴維斯先生看到周先生夫婦失望的表情，就再帶著他們走到另一間展覽館，參觀其他有關牛頓事蹟的展覽。

5 三大發現的奇蹟年

　　周先生問說:「牛頓如此的認真求學,當時學校的教授們是否知道呢?」

　　戴維斯先生說:「牛頓專心追求自己喜好的學問,並不在乎別人是否知道。這樣子經過了有好些日子。一直到他發現學校的規定,如果要留在劍橋大學繼續求學,非要謀得學校裡一個研究學者的地位不可。牛頓無錢無勢,也沒有貴人關說,談何容易。於是他從廣泛興趣中收心,把學校不重視的那些學科暫時擱置一旁。他開始集中精力,專攻物理和數學。牛頓的天資超凡,沒有多久,他的成績表現立即被教授們發現和重視。他們很樂意給了他研究學者的頭銜和獎學金,使他得以長期留在劍橋研究。」

周太太問說:「牛頓得了研究學者的地位以後,有沒有什麼實質的貢獻呢?」

戴維斯先生說:「牛頓不負所望,在獲得學士學位前的幾個月,發明了數學界極度重要的二項式定律。光是這一件發明就足以留名青史,這時候牛頓才二十三歲。難怪他的一位數學教授巴羅說,這年輕的牛頓數學造詣比他自己高得多。最令巴羅教授難以相信的是,他剛遇見牛頓的時候,牛頓好像才只有最基本的數學常識,才幾年時間,居然就能精通數學,還有所發明,實在是他從未碰見過的天才。後來,這位巴羅教授從劍橋有名的盧卡斯數學講座退休時,就全力推薦牛頓接棒,繼任這講座的教職。牛頓以二十七歲的年齡,成為第二任的盧卡斯數學講座教授。」

周先生問說:「這盧卡斯數學

講座好像現在還存在吧？」

戴維斯先生說：「沒錯，目前的盧卡斯數學講座教授是第十七任，是當今最有名的天文物理學家，史蒂芬・霍金。」

戴維斯先生繼續說：「1665 年 4 月，二十三歲的牛頓得到了劍橋三一學院的學士。他預備繼續留在學校研究。不久，英國爆發了鼠疫，也就是所謂的黑死病，造成許多人死亡。很多機構都無法應付這危機，劍橋大學也是一樣，只得宣布停課，把學校關閉，學生解散。當年 8 月，牛頓回到家鄉。」

周先生問說：「這黑死病真有這麼可怕嗎？」

周太太說：「那當然啦！歷史上有過好多次恐怖慘痛的記錄。歐洲 14、15、16 世紀的時候，每次鼠疫都造成百分之三、四十的人口死亡。牛頓那時代，17 世

紀，也還有大概百分之一、二十的人口死亡率吧？」

戴維斯先生說：「大概沒錯。據說 1665 年，光是倫敦就死了七萬人。因為實在死了太多人，從來就沒有人知道準確的統計數字。可是天下事就是很奇妙，牛頓可說是因禍得福，他待在家鄉的這兩年收穫豐盛，常常被人稱為奇蹟年。在短短的兩年之中，他發明了微積分，發現了萬有引力定律，還在光學上有了最重大的發現。」

周先生說：「兩年而已呀！這三者之中，任何一件成就，都已經足以震撼全人類了。他如果活在現代，這三椿重大發現中的任一項都可以讓他贏得諾貝爾獎了。他卻能以二十多歲的年齡，幾乎在無師自通，全靠自修的方式下，有如此的成就，難怪牛頓被尊稱為科學之父了。」

戴維斯先生說：「除了牛頓聰明過人的天資之外，他鍥而不捨的認真求學態度，遠超過一般常人，也是他成功的原因。他一旦下決心對於某一個問題尋求解答，就把其他事情拋開，只集中思考這單一主題，一直到想通為止，因此，常常廢寢忘食」

周太太問說：「就當時 17 世紀科學界的情況來說，難道就沒有別的可以相提並論的科學家嗎？」

戴維斯先生說：「當時對物理感興趣的科學家也不少，各種的假設和理論都有人提出。可是只有牛頓對數學有最深厚的基礎，這就是最大的差別。他發明的微積分是研究物理等科學時最有用的工具，牛頓在研究發展微積分的過程中，也得到了很多物理方面的啟示。這也是牛頓在科學上有那麼多偉大成就的原因之一。」

周先生說：「真有趣，我們一

進大學工學院，大一的必修課，幾乎都是牛頓發明的。如果沒有他，我們還學什麼？」

三人都哈哈大笑。

戴維斯先生說：「牛頓一旦有了微積分這樣工具後，就專心一志思考另一個引起他強烈興趣的現象——力學。他觀察自然界很久，再加上長期的苦思之後，終於想通了力學的道理。蘋果掉下來和月亮繞地球，其實是同樣的力量，以同樣的方式造成的。他指出自然界一切物體的運動關係，都可以用同樣的方式解釋，那就是萬有引力定律。這萬有兩個字，正是他這理論最偉大的貢獻所在。」

周太太說：「我想在牛頓時代以前的人，從來不會認為蘋果掉到地上，可能與天上的月亮和星球有任何類似的關連。牛頓能把兩件看起來毫不相關的現象，融

會貫通而領悟出新的道理，確實偉大。」

　　戴維斯先生說：「對啊！牛頓可以從一般小孩喜歡玩的活動中得到靈感。你們有沒有玩過，將一端綁著石頭的繩子快速旋轉的時候，石頭會在空中繞圈子？」

　　周先生說：「有啊！如果把繩子放開，石頭就會飛出去。從前的人不是還用這來當武器？」

　　戴維斯先生說：「一點也沒錯！牛頓看出這正類似於月亮繞地球旋轉的情形。假設在中間握著繩子的手像是地球，石頭好比月亮，繩子牽著石頭的力量，正是地球吸引月亮的力量，也就是萬有引力。如果沒有萬有引力，就好像手把繩子放開，石頭就會飛了出去。這樣的理論，加上他用微積分作工具去計算各星球的運行，把過去天文學家的很多理論都證明了。」

周太太問說：「牛頓在光學方面有些什麼研究和發現呢？」

戴維斯先生說：「他從小就對光的各種現象很感興趣。據他筆記本上的記錄，1664年他在參觀一個節慶市場的攤位上買了幾個三稜鏡。他利用三稜鏡實驗的方式，發現了很多現象。一般人都看到光線穿過三稜鏡時會有彩虹般的彩色光出現，可是沒有人像牛頓一樣的藉此機會做各種精心設計的實驗，去試著解答他腦中多年來使他困惑的問題。不過，牛頓經常過於投入。有一次他瞪著鏡子裡的太陽光太久，一直在暗室內過了三天之後，視力才恢復過來。另一次他用刮奶油刀去壓迫下眼瞼，也是為了看眼睛對光線的反應。他的這些行為多危險，萬一他把自己搞瞎了，哪裡還會有後來的那些成就呢？」

周太太說：「哎唷！太可怕

了！我聽得都起雞皮疙瘩了！」

戴維斯先生帶他們在展覽館的展示中，找到了有關光學的部分，他指著牆壁上的解說圖樣：「當時最普遍的解釋是，三稜鏡裡的玻璃把白色光染上了顏色。牛頓更進一步的用兩付三稜鏡，作各種不同的安排。他因此發現了白色光其實是由各種有色光綜合而成的。不同顏色的光有不同的折射率，經過三稜鏡的玻璃時，折射的角度不同，所以才會有彩虹般的彩色光出現。」

周先生說：「從這看起來，牛頓不只是喜歡看書、思考，他還很會做實驗。」

戴維斯先生說：「正是如此，他的偉大成就，是他在理論和實驗兩方面都有同樣重要的貢獻。當年英國大學教育以希臘大師亞里斯多德的哲學為主，只談邏輯，不屑實驗。牛頓的善於實

驗，是他能有新發現的主要因素。可是由於牛頓的個性多疑，事事保密，雖然他在這三項題目的研究，都達到了空前重大的突破，可是他除了很仔細的記錄在他的筆記本之外，並沒有發表或者向別人提起。但是他已為這些學問打下了深厚的基礎。」

戴維斯先生繼續說：「1666 年一場倫敦大火，可算是塞翁失馬，把鼠疫的病毒燒燬了不少。鼠疫不再流行，劍橋大學關閉兩年之後，在 1667 年年初，學校恢復上課，牛頓也回到學校。他仍舊和以前一樣，獨來獨往，不與人打交道。記錄中有跟他來往過的只有兩三個人。據說他在劍橋的那麼多年中，人們只見他笑過一次。」

6 發現所引起的爭議

周先生問說:「牛頓回到學校之後,又做了些什麼事呢?」

戴維斯先生說:「這時候牛頓開始準備應考碩士學位和爭取有全額獎學金的研究學者。當時研究學者的選拔,是看空缺多少和靠關係而定的,與是否有學術成就無關。在劍橋大學擔任研究學者,只有在三種情形下會被解職:犯罪、信奉異教、或者結婚。除此之外,他們享有任意選擇研究方向的自由,幾乎完全沒有其他的責任。後來牛頓擔任了盧卡斯講座教授,每年照規定三個學期都要授課。不過通常大多數教授只教一個學期就算交差了。牛頓也不例外。」

周太太說:「哇!如果能被牛頓這種大師教到,豈不是三生有

幸（ㄒㄧㄥ）？」

　　戴（ㄉㄞ）維（ㄨㄟ）斯（ㄙ）先（ㄒㄧㄢ）生（ㄕㄥ）大笑（ㄒㄧㄠ）說（ㄕㄨㄛ）：「那（ㄋㄚ）倒（ㄉㄠ）不（ㄅㄨ）見（ㄐㄧㄢ）得（ㄉㄜ）。牛（ㄋㄧㄡ）頓（ㄉㄨㄣ）的（ㄉㄜ）課（ㄎㄜ）特（ㄊㄜ）別（ㄅㄧㄝ）艱（ㄐㄧㄢ）深（ㄕㄣ）難（ㄋㄢ）懂（ㄉㄨㄥ），加（ㄐㄧㄚ）上（ㄕㄤ）他（ㄊㄚ）個（ㄍㄜ）性（ㄒㄧㄥ）古（ㄍㄨ）怪（ㄍㄨㄞ），不（ㄅㄨ）管（ㄍㄨㄢ）學（ㄒㄩㄝ）生（ㄕㄥ）反（ㄈㄢ）應（ㄧㄥ）如（ㄖㄨ）何（ㄏㄜ），他（ㄊㄚ）只（ㄓ）照（ㄓㄠ）本（ㄅㄣ）宣（ㄒㄩㄢ）讀（ㄉㄨ）。人（ㄖㄣ）又（ㄧㄡ）太（ㄊㄞ）嚴（ㄧㄢ）肅（ㄙㄨ），從（ㄘㄨㄥ）來（ㄌㄞ）不（ㄅㄨ）談（ㄊㄢ）笑（ㄒㄧㄠ）。結（ㄐㄧㄝ）果（ㄍㄨㄛ）來（ㄌㄞ）上（ㄕㄤ）他（ㄊㄚ）課（ㄎㄜ）的（ㄉㄜ）學（ㄒㄩㄝ）生（ㄕㄥ）愈（ㄩ）來（ㄌㄞ）愈（ㄩ）少（ㄕㄠ），只（ㄓ）有（ㄧㄡ）小（ㄒㄧㄠ）貓（ㄇㄠ）兩（ㄌㄧㄤ）三（ㄙㄢ）隻（ㄓ）。甚（ㄕㄣ）至（ㄓ）於（ㄩ）傳（ㄔㄨㄢ）說（ㄕㄨㄛ）後（ㄏㄡ）來（ㄌㄞ）沒（ㄇㄟ）有（ㄧㄡ）學（ㄒㄩㄝ）生（ㄕㄥ）聽（ㄊㄧㄥ）講（ㄐㄧㄤ），牛（ㄋㄧㄡ）頓（ㄉㄨㄣ）一（ㄧ）個（ㄍㄜ）人（ㄖㄣ）還（ㄏㄞ）是（ㄕ）對（ㄉㄨㄟ）著（ㄓㄜ）空（ㄎㄨㄥ）教（ㄐㄧㄠ）室（ㄕ）牆（ㄑㄧㄤ）壁（ㄅㄧ）授（ㄕㄡ）課（ㄎㄜ）。照（ㄓㄠ）常（ㄔㄤ）理（ㄌㄧ）推（ㄊㄨㄟ）算（ㄙㄨㄢ），牛（ㄋㄧㄡ）頓（ㄉㄨㄣ）後（ㄏㄡ）來（ㄌㄞ）出（ㄔㄨ）名（ㄇㄧㄥ）了（ㄌㄜ），上（ㄕㄤ）過（ㄍㄨㄛ）他（ㄊㄚ）的（ㄉㄜ）課（ㄎㄜ）的（ㄉㄜ）學（ㄒㄩㄝ）生（ㄕㄥ），應（ㄧㄥ）該（ㄍㄞ）不（ㄅㄨ）至（ㄓ）於（ㄩ）否（ㄈㄡ）認（ㄖㄣ）。可（ㄎㄜ）是（ㄕ）竟（ㄐㄧㄥ）然（ㄖㄢ）只（ㄓ）有（ㄧㄡ）少（ㄕㄠ）數（ㄕㄨ）人（ㄖㄣ）記（ㄐㄧ）得（ㄉㄜ）上（ㄕㄤ）過（ㄍㄨㄛ）他（ㄊㄚ）的（ㄉㄜ）課（ㄎㄜ），可（ㄎㄜ）見（ㄐㄧㄢ）這（ㄓㄜ）個（ㄍㄜ）傳（ㄔㄨㄢ）說（ㄕㄨㄛ）可（ㄎㄜ）能（ㄋㄥ）是（ㄕ）確（ㄑㄩㄝ）有（ㄧㄡ）其（ㄑㄧ）事（ㄕ）了（ㄌㄜ）。」

　　周（ㄓㄡ）太（ㄊㄞ）太（ㄊㄞ）問（ㄨㄣ）說（ㄕㄨㄛ）：「那（ㄋㄚ）牛（ㄋㄧㄡ）頓（ㄉㄨㄣ）的（ㄉㄜ）發（ㄈㄚ）明（ㄇㄧㄥ）是（ㄕ）如（ㄖㄨ）何（ㄏㄜ）公（ㄍㄨㄥ）諸（ㄓㄨ）於（ㄩ）世（ㄕ）的（ㄉㄜ）呢（ㄋㄜ）？」

　　戴（ㄉㄞ）維（ㄨㄟ）斯（ㄙ）先（ㄒㄧㄢ）生（ㄕㄥ）說（ㄕㄨㄛ）：「牛（ㄋㄧㄡ）頓（ㄉㄨㄣ）在（ㄗㄞ）微（ㄨㄟ）積（ㄐㄧ）分（ㄈㄣ）方（ㄈㄤ）面（ㄇㄧㄢ）的（ㄉㄜ）發（ㄈㄚ）明（ㄇㄧㄥ）和（ㄏㄜ）研（ㄧㄢ）究（ㄐㄧㄡ），除（ㄔㄨ）了（ㄌㄜ）盧（ㄌㄨ）卡（ㄎㄚ）斯（ㄙ）講（ㄐㄧㄤ）座（ㄗㄨㄛ）的（ㄉㄜ）數（ㄕㄨ）學（ㄒㄩㄝ）教（ㄐㄧㄠ）授（ㄕㄡ）巴（ㄅㄚ）羅（ㄌㄨㄛ）之（ㄓ）外（ㄨㄞ），他（ㄊㄚ）沒（ㄇㄟ）有（ㄧㄡ）跟（ㄍㄣ）別（ㄅㄧㄝ）人（ㄖㄣ）提（ㄊㄧ）起（ㄑㄧ）。後（ㄏㄡ）來（ㄌㄞ）有（ㄧㄡ）位（ㄨㄟ）數（ㄕㄨ）學（ㄒㄩㄝ）家（ㄐㄧㄚ）向（ㄒㄧㄤ）巴（ㄅㄚ）羅（ㄌㄨㄛ）教（ㄐㄧㄠ）授（ㄕㄡ）請（ㄑㄧㄥ）教（ㄐㄧㄠ）一（ㄧ）個（ㄍㄜ）問（ㄨㄣ）題（ㄊㄧ）的（ㄉㄜ）時（ㄕ）候（ㄏㄡ），巴（ㄅㄚ）羅（ㄌㄨㄛ）認（ㄖㄣ）為（ㄨㄟ）牛（ㄋㄧㄡ）頓（ㄉㄨㄣ）的（ㄉㄜ）微（ㄨㄟ）積（ㄐㄧ）分（ㄈㄣ）是（ㄕ）最（ㄗㄨㄟ）

好的解決辦法，就引用了起來。如此一來，牛頓即使不想出名，但是也勢難避免的開始受到了數學界的重視。」

周先生說:「我們學微積分的時候，課本上說它是牛頓和萊布尼茲同時發明的。」

戴維斯先生說:「不錯。當時歐洲數學界圈子很小。有關牛頓的微積分的一篇文章，傳到了德國的一名頂尖的數學家萊布尼茲手中。萊布尼茲十分驚訝，因為幾乎與牛頓同時，他也發明了微積分。可能是數學發展的大環境觸動了兩個人的創造靈感。兩個素不相識，分在兩地的天才，同時發明了這個科學研究上最重要的工具，不能不說是件奇蹟似的巧合。可是這對當事人來說，可不以為然。兩個人爆發了筆戰，互相指控對方剽竊了自己的創作。另一方面，很多英國和德國

的科學家們，受了民族主義的影響，把這當成了兩個國家的榮譽和面子問題，也在旁邊吶喊助陣，火上加油。兩人的爭執愈演愈烈。這樣子的爭執維持了幾十年，一直到萊布尼茲去世，都沒有解決。可憐萊布尼茲的命沒牛頓好，他晚年窮困潦倒，飽受凌辱，含恨而終。」

　　周先生說:「那現代人事過境遷後再回顧，是否有了什麼結論呢?」

　　戴維斯先生說:「根據後人從兩人存留下來的文件所做的分析，兩人確實是同時分別而且獨立各自發明了微積分的。兩個人的版本各有特點，所以現在科學界通用的，是融合了他們兩人的長處的最佳版本。」

　　周太太問說:「那牛頓其他的發明有沒有類似的情形呢?」

　　戴維斯先生說:「有的。在光

學方面，牛頓引起的爭論，也非常激烈。在關於光的現象和性質方面，歐洲當時的一些名科學家，例如荷蘭的惠更斯，就與牛頓的意見很不相同。很多科學上的討論，都從理性的分析轉變成人身的攻擊，愈來愈情緒化。當年交通和通訊不便，英國與荷蘭間信件往來一趟，動不動就要好幾個月時間。這樣子互不相見的溝通方式，一旦造成誤會，就愈陷愈深。牛頓因此樹立了好多勁敵。」

周太太說：「這真是不幸。那在英國本地的情形是否好些呢？」

戴維斯先生回答說：「那也不見得。讓我另外舉一個例子。自從伽利略發明望遠鏡後，當時的望遠鏡都是以透鏡折射的原理製造的。牛頓自小喜愛觀察天文星象，常常玩望遠鏡。他早就注意到光線經過透鏡折射後分散成彩

色光的現象，影響了望遠鏡的清晰程度。他對光學的濃厚興趣和深刻了解，激發了他改良望遠鏡功能的主意。從小就精於手工藝的他，設計製造出了一個反射式的望遠鏡。如此把分散成彩色光的現象給消除了，效果有了戲劇性的改善。牛頓發明出來的反射式望遠鏡只有六吋長，卻可以放大四十倍，比六呎長的折射式望遠鏡功能還要強。每一個看到這望遠鏡的人都驚嘆不已。牛頓心中自然得意，把它送到英國最具權威性的科學組織英國皇家學會去展示。」

　　周先生問說：「英國皇家學會在哪兒呢？」

　　戴維斯先生說：「就在首都倫敦。在皇家學會公開了牛頓的望遠鏡之後，很多人希望對它有更進一步的了解。皇家學會就邀請牛頓加入學會，還請牛頓寫下他

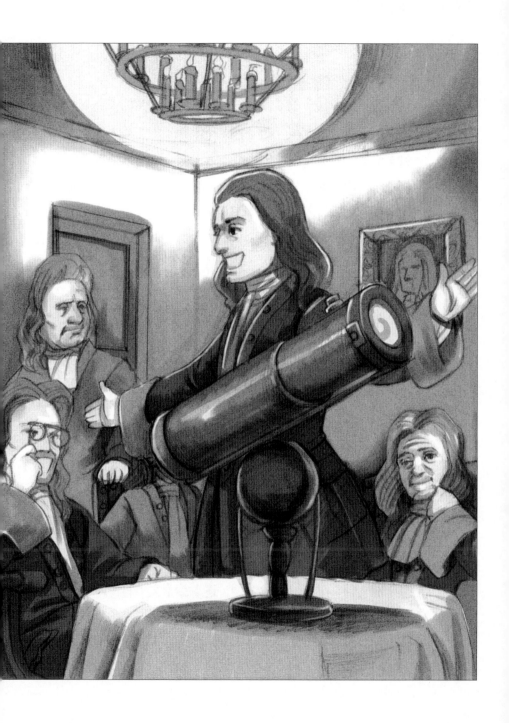

這望遠鏡的設計原理和彩色光線的關係。沒想到牛頓的論文才一發表，立即引起了軒然大波。」

周先生說：「為什麼呢？是牛頓的解釋有漏洞嗎？」

戴維斯先生說：「也許是他不夠嚴謹，但不能算是漏洞。牛頓獨自研究光學，推翻了兩千年的理論。經過他多年日以繼夜無數次的各式各樣實驗，他早已認定了自己理論的正確性。就因為他自己對這一切已經太熟悉了，對於一些他已經肯定的事，就一筆帶過。在他發表的論文中，他視為理所當然的事實，在別人眼中認為只是他的假設。平常閱讀皇家學會論文的學者，多數是歐洲科學界頂尖人物，牛頓這時候還沒有什麼地位，這論文自以為是的態度，難免造成了許多人的反感和誤會。」

戴維斯先生講到這兒停了下

來，問周先生說：「你是學工程的，在力學上應該聽說過虎克定律吧？」

周先生說：「對！除了牛頓的萬有引力定律以外，力學課程一開始就提到的，最容易記得的就是虎克定律：固體材料受力後，材料的應力與變形量成正比。」

周太太在旁邊笑著拍手喝采。

戴維斯先生接著說：「一百分！發明這虎克定律的虎克就是當時皇家學會的祕書長。他首先發難開始質問牛頓。虎克是個相當聰明的人，喜歡涉獵各樣科學，他確實發明了不少東西，有些到現在還有用。他又特別喜歡出風頭。可是他做事比較沒有耐心，又不像牛頓那麼認真，每每只知道一點皮毛，就可以吹噓得天花亂墜，好像他就是獨一無二的專家。他自認光學是他專長的

領域，看到一個當時還名不見經傳的牛頓，竟然語驚四座，當然有一點妒嫉之心和感覺受到威脅，馬上起而攻之。虎克草率的寫了篇論文，聲稱他早就發明了這種望遠鏡，文中還指出牛頓有些言論的錯誤。」

周先生說：「虎克是否真的發明了這種望遠鏡呢？」

戴維斯先生說：「根據後人的研究，很難判定虎克是否有過類似的想法。很多人要他拿出實際的望遠鏡，他卻從來沒有做到。牛頓看了虎克的文章，氣急敗壞，但是他按兵不動，他等到對所有指控都有了妥善的辯駁之後，才一併回覆。他另外再指出虎克文中的漏洞，並且要虎克把他聲稱已經發明了的望遠鏡拿出來公諸於世。兩人從此一來一往，針鋒相對。牛頓與虎克的關係比牛頓與萊布尼茲更糟，幾年

之後，他們還有些其他的衝突，結果兩個人終身為敵。」

周太太說：「這種針鋒相對的日子，牛頓是怎麼過的呢？」

戴維斯先生說：「除了剛才講過的之外，許多其他有名望的科學家，也和牛頓有些不愉快的往返通訊。不過幾年後，這些人多數終於識出了牛頓的超人才華，不再跟他計較。可是反觀牛頓，他認為這些全都是針對他而來的人身攻擊。不久他就拒絕再跟人通訊，還威脅要退出皇家學會。牛頓的如此閉關自守，一沉寂就是好幾年。」

周先生問說：「好幾年？那牛頓做了些什麼事呢？」

戴維斯先生說：「雖然牛頓還很年輕，可是這時期的牛頓對數學和光學的研究已經差不多到飽和點了。他的注意力轉移到了煉金術。」

7 祕密研究煉金術

周先生夫妻兩人都睜大了眼：「煉金術？」

戴維斯先生說：「對。煉金術，也有人稱為煉丹術。傳說中這煉金術的目的，一方面是把任一金屬提煉成貴重的黃金，另一方面是追求長生不老的仙丹。」

周先生問說：「那中國不早就有這樣的歷史？秦始皇為了尋求長生不老之藥，派徐福帶領三千童男童女，遠赴蓬萊仙島。很多皇帝也找道士煉丹。此外，還有各式各樣點石成金的神話故事。」

戴維斯先生說：「沒錯。煉金術正是從中國傳來歐洲的。當然，在歐洲人的版本中，也混合了很多希臘留下來的理論。」

周太太說：「我以為只有傳說中神祕的巫師或是魔術師才搞煉

金術。牛頓怎麼也會沾上煉金術?」

戴維斯先生說:「煉金術當時的確不是件可以光明正大、公開見人的活動。英國國法明令禁止人們研究煉金術。不過英國歷史上,有些國王嚴屬禁止,有些國王卻暗中指派專人研究。畢竟,人都希望能點石成金或者長生不老。在國家的立場來說,煉金所以違法,主要是因為政府怕有人真能點石成金,自己鑄造貨幣,破壞了經濟。所以當時研究煉金術的人,都是暗中進行的。」

周太太說:「喔!怪不得剛才你說,牛頓住的宿舍掛著這麼厚重的暗紅色窗簾有另外一個原因。原來他是怕人發現他在研究煉金術。」

戴維斯先生說:「確實如此。後人是從牛頓筆記本中各式各樣的密碼和記錄,加上有些旁人的

觀察，和他一些神祕的通訊中，推斷出來的。」

　　周先生問說：「煉金既然違法，牛頓為什麼還要研究它呢？」

　　戴維斯先生說：「據一般歷史學家的猜測，以牛頓一生的個性看來，他研究煉金術的目的，應該不會是為了財富。他想必是對化學產生了興趣。煉金術這種自古從希臘流傳下來的技術，中間有很多的學問值得探討。牛頓自從中學時期住在藥劑師克拉克先生家中的時候，就被化學吸引住了。他對任何學問上的挑戰，都不願輕易放過。所以他花了很多時間研究煉金術。另一方面，牛頓一向相信，自然界萬物都必然有一些規則。他認為上天不會讓人類輕易的發現這些規則，一定要經過細心嚴謹的觀察和研究，才能找出其中的奧祕。所以他埋頭鑽研了好多年。」

周先生問說：「牛頓在煉金術方面是否像其他學科一樣，有著名的理論發現呢？」

戴維斯先生說：「當年煉金既然違法，牛頓當然不會公開討論煉金術。不但如此，他在老年臨終前，怕連累到他僅存的寥寥幾位親友，還特地把他歷年所寫關於煉金術的近百萬字的筆記都燒燬了。」

周太太說：「這多可惜！以牛頓對其他學問嚴謹研究的態度來推測，這些記錄可能會對科學界有極大的貢獻。」

戴維斯先生說：「這也很難說。其實他並沒有完全銷毀所有的筆記。1936年有名的諾貝爾獎得主經濟學家凱因斯，從收藏家手中買到了一箱牛頓遺留下來的文件，裡面也有上百萬字的煉金術筆記。內容密密麻麻，都是牛頓親手以他有名的蠅頭小字用拉

丁文和各種密碼寫成的，引起一批專家學者研究的風潮。」

　　周先生問說：「那是否有什麼重大的發現呢？」

　　戴維斯先生說：「這就像是大謎題，各地來的專家花了多年的功夫，也找不出什麼特別的頭緒來。不過，煉金術的性質，跟牛頓專長的數學和物理，有些根本上的差異。數學和物理是一種客觀的科學。任何人在任何時間地點，用同樣的方法，理論上來說，大概都可以得到同樣的結論。而煉金術則包含了很多不易捉摸的因素。以現代已經發展完整的化學觀點去回顧煉金術，可以指出它很多不合邏輯的地方。當時以為正確的方法，現在看起來可能就覺得迷信或者落伍了。這也許就是牛頓以他絕頂聰明的腦力和精密實驗的經驗，花了幾十年功夫，都沒能成功煉金的原

因。」

周先生說:「有道理。」

戴維斯先生說:「另一件吸引了牛頓好奇心的是神學。英國當時還是個宗教國家。牛頓在劍橋大學要往上升遷,還需要擔任教會的聖職才行。為了這原因,牛頓開始研究《聖經》。就像任何其他的學問一樣,牛頓仔細的做了很多分門別類的筆記。牛頓以他一貫的科學方法來思考咀嚼《聖經》中的一字一句。」

周太太說:「對了,昨天我們去參觀牛頓出生地的時候,聽說他繼父留下一大堆神學書籍。」

戴維斯先生說:「沒錯。他小時就看過這些神學書籍,所以已經有了些基礎,可以很快吸收。他對三位一體——聖父、聖子、聖靈的這個觀念,很不以為然。他指出《聖經》中對這三者關係的解釋不合邏輯。他覺得聖父和

聖子，不能都算是上帝。他認為三位一體的主張，把三者都視為神，就等於是多神論。若把聖子耶穌基督視為上帝，又相當於偶像崇拜。這種種的說法，在當時看來都是大逆不道的。這些論點在邏輯上也許有道理，可是宗教豈能容得了如此分析呢？牛頓自己也知道，所以他就沒有把這些想法公開發表出來。」

周先生說：「如果牛頓要擔任教會的聖職，他就非得要面對這個問題不可嗎？」

戴維斯先生說：「是的。牛頓偏偏又是個特別認真的人。他知道劍橋大學是他追求真理、研究學問最理想的地方，實在不願意放棄學校的職位。可是他又不願意為這件事而說謊，因為那樣做更是違背真理，太對不起自己了。於是他就託人找關係，看是否能設法免除掉擔任教會聖職的

規定。當年特別賞識他、提拔他的巴羅教授，這時已經在宮廷中擔任要職。他出面向英國國王為牛頓講情，國王因此頒下詔書，宣布盧卡斯講座教授的主要責任是研究學問，為了不使他們分心，從此不需要擔任教會聖職。這對牛頓來說，實在是天大的好消息。」

周先生說：「原來古今中外都一樣，什麼事都是可以講關係的。」

戴維斯先生說：「那當然啦！不過牛頓一貫的好奇心個性，使他並不因為免除了擔任教會聖職而罷休，他仍舊繼續研究下去。他對《聖經》中的故事年代作了很仔細的考證。他作學問非常有組織和規則。他覺得《聖經》中很多的故事秩序紊亂，他看不下去。所以他把《聖經‧啟示錄》中各種預言都認真的編輯，與人

　　類歷史大事作一個對照。一般人都知道牛頓在科學上的成就，可是很少人知道，他一生對《聖經》的研究，比他在科學研究上花的時間還多，在神學方面的研究，牛頓的貢獻也是非常大的。」

　　三個人談到這裡，走出了展覽館，來到了校園裡的一條小溪旁邊。

8 沉寂中的干擾

　　戴維斯先生說:「 1679 年 5 月底，牛頓剛剛從他難得一次的倫敦之行回到學校，就聽說母親病重。他連請假都來不及辦，兩天之內就趕到家。雖然他對童年時母親改嫁離家，把他託付給外祖父母的事，曾經充滿怨恨，但是他畢竟是個孝子。在母親病重的時候，在她身旁細心照顧伺候。他把幾年前在克拉克先生家藥房學到的調製處方的功夫用上來，常常整夜不眠不休的為他母親配藥，直到她去世。接著他又留下來處理母親後事，安葬母親在他生父的墓旁，又把他繼承的遺產安排妥當，這才回到學校去。」

　　周太太說:「想想牛頓沒有見過父親，現在又失去了母親這樣的至親，心裡一定很難過吧?」

　　戴維斯先生說:「那當然啦！尤其是他覺得自己親手調配的藥物都沒能把母親醫好，相當失望和自責。加上前兩年最賞識他的巴羅教授和另一位奧登伯教授也先後去世，他的室友韋金斯又常去倫敦，他更孤獨了。在他母親去世之後，牛頓顯得憂鬱落寞，他本來就有的孤僻個性，更是變本加厲。在牛頓沉寂的這幾年中，有過幾次波折。就他個人來看，雖說是波折，但為人類科學上帶來的，卻是可貴的收穫。第一次就是曾與他有過摩擦的虎克。」

　　周先生說:「他們難道還在為了望遠鏡的事而爭執嗎?」

　　戴維斯先生說:「那倒不是。當時擔任英國皇家學會祕書長的虎克，為了工作上的需要，隨時得跟歐洲各國頂尖的科學家聯繫。牛頓在科學各方面的造詣，

已經遠近馳名，虎克不得不寫信給牛頓，邀請他作學術上意見的交流。虎克提出來他自己最近對天文學上行星運動有了些新的假設理論，問牛頓是否也有其他新的創見。虎克還向牛頓保證，未經過他同意，不會把他的作品發表。」

周太太說：「聽起來這次虎克好像還相當有誠意嘛！牛頓的反應如何呢？」

戴維斯先生說：「虎克對他客氣，牛頓也不好意思不理不睬，就回信推說最近家中事多，無暇思考研究什麼新的課題。他只提出一個小問題，說是他在思考地球自轉現象的時候想到的，讓虎克去琢磨。當時流行的說法認為，一件物體從高塔掉落到地面時，受了地球自轉的影響，應該是往塔的西邊落。但牛頓說，這物體應該往塔的東邊落，而且落

下來的軌跡應該是螺旋狀的。」

周先生問說：「牛頓說的，一定沒錯囉？」

戴維斯先生說：「沒想到這一次牛頓竟然錯了，而且還被虎克指出來。虎克說，如果這高塔的位置正在赤道上，物體確實是應該往塔的東邊落，可是如果位在倫敦，因為緯度不同，這物體應該往塔的南邊落。更重要的是，下落的軌跡應該是橢圓形的，而非螺旋狀的。虎克的結論是對的，不過這只是他幸運猜中的。最糟糕的是，虎克認為自己很難得，竟然能找出牛頓的錯誤，得意忘形的背棄承諾。他沒有通知牛頓，就自己在皇家學會的會員大會上朗讀牛頓的信，再把他自己發現牛頓的錯誤之處指出來，並且宣布他自己的正確結論。」

周先生說：「牛頓被指出錯誤，一定很不好受吧？」

戴維斯先生說:「牛頓居然忍住了脾氣,承認他把方向搞錯了,可是他堅持這物體下落的軌跡不是橢圓形的。」

周太太問說:「究竟誰是誰非呢?」

戴維斯先生笑說:「哈哈,這件事,兩個人各有錯的地方。虎克的答案,橢圓形的軌跡是對的,可是只因為他運氣好,猜中了答案。因為他第二次再回覆牛頓的時候,錯誤的引用了伽利略和克卜勒的公式,這就露出馬腳,顯示出他並沒有真正了解問題的本身。細心的牛頓這一次看出了虎克的錯誤之處,也知道自己在急於辯解的過程中,不小心也犯了些錯,被虎克指出來。但因為虎克信中的口氣越來越驕傲,牛頓在惱羞成怒之下,便不再給虎克回信了。」

周太太說:「犯錯和指正,在

學術討論過程中，不是很普遍的現象嗎？」

戴維斯先生說：「對呀！本來如果兩方都很理智，個性成熟的話，應該是可以大事化小，小事化無，輕易解決的。可是這兩人都心胸狹窄，在兩人信件往返之間，又增加了更多的不愉快爭執。雖然如此，虎克的一些想法，終究刺激了牛頓的創造力和想像力，給他增添了許多靈感，終於使得牛頓的萬有引力定律，漸漸成形了。」

戴維斯先生繼續說：「另一次風波，是 1680 年 11 月和 12 月出現的大彗星。」

周先生說：「那就是我們在西敏寺牛頓石棺的雕像上看到的彗星嗎？」

戴維斯先生說：「正是。當初歐洲的天文學家都以為那是兩顆彗星，前面一顆飛往太陽，然後

就看不見了；另外一顆是反方向飛離太陽。可是後來英國皇家天文師佛蘭斯蒂德獨排眾議。他認為其實人們兩次看到的是同一顆彗星，靠近太陽的時候轉了反方向。他的解釋是，太陽使得彗星的磁場改變，從相吸變成相斥。佛蘭斯蒂德早就聽說牛頓在天文學方面的豐富學識，所以他託人就彗星這件事向牛頓請教。」

　　周先生問道：「牛頓當時也在仔細觀察這顆彗星嗎？」

　　戴維斯先生說：「那時候這顆彗星離地球很近，甚至於還引起一般無知民眾的恐慌，販夫走卒都擔心它會撞上地球，牛頓怎麼可能不關切呢？他每天半夜全身裹著毯子，坐在校園中，凝望著天空中的彗星，還仔細測量和記錄。除了他自己關於彗星的升降時刻、旅程經緯度的二十一次記錄以外，他還搜集了別人在威尼

斯、東印度、巴黎、新大陸（那時還沒有美國呢！）的馬利蘭等各地不同角度的觀察紀錄。牛頓跟佛蘭斯蒂德通信討論這現象。牛頓說佛蘭斯蒂德認定那是同一顆彗星是個很聰明而又正確的看法。不過牛頓不贊同他磁場理論的解釋。牛頓認為那顆彗星其實只是像行星一樣的繞著太陽轉了一圈。」

周先生問說：「牛頓怎麼樣證明他的說法呢？」

戴維斯先生說：「牛頓作了更進一步的分析。當時有一個關於星球的理論已經被不少科學家接受，即太陽對行星的吸引力是跟距離的平方成反比。牛頓假設這是正確的，他利用自己剛發明的數學方法計算出，這彗星的軌道是橢圓形的。這也因此使他體悟，天上各種星球之間其實都存有引力。這就是他日後所發表的

萬有引力定律的基礎。」

戴維斯先生接著說：「第三次的風波，也是對牛頓影響最遠大深刻的，就是哈雷的造訪。」

9 近代科學最偉大的著作

　　這夫妻倆聽得津津有味，周先生問道：「您是指哈雷這人，還是哈雷彗星的造訪？」

　　戴維斯先生笑著說：「哈哈！這我要特別說清楚。剛才提到1680年的大彗星，並不是哈雷彗星。哈雷這位有名的天文學家對研究彗星最有成就。兩年之後，1682年的時候，另一顆大彗星出現，哈雷精確的推算出那顆大彗星每七十六年會出現在地球附近一次，所以後來這顆彗星才因他而命名為哈雷彗星。我現在要講的是，哈雷為了彗星造成的現象，特別造訪當時的專家牛頓，跟他研討關於星球運行軌道的問題。」

　　周太太問說：「這麼簡單的一椿造訪，如何成為一件重大的事

件呢?」

戴維斯先生說:「我先要解釋哈雷來找牛頓的原因。這時候已經是 1684 年了。有一次哈雷和虎克,以及另一位當時的科學大師瑞恩,在咖啡屋裡閒聊。哈雷問說,行星繞日的吸引力,是否與距離平方成反比,另兩人都笑了。瑞恩說這幾乎已經是科學界公認的事實了,他馬上又接口說,不過這很難證明。喜歡誇口的虎克卻說他早就證明過了,只是不願意發表,這樣才能教大家珍惜他偉大的證明。哈雷當場就向兩人挑戰,要他們在兩個月內提出證明,誰先做到,他就送一本好書。」

周先生問道:「結果誰勝了?」

戴維斯先生說:「兩個人都沒有。瑞恩忙不過來。虎克顯然只是一如往常的自我吹噓。哈雷就想到了牛頓。這是兩人第二次見

面。哈雷請教牛頓這彗星運行軌道的曲線形狀是什麼，牛頓毫不遲疑的回答說是橢圓形。哈雷問他怎麼知道的，牛頓很簡單的說，用數學計算出來的。哈雷心急的要求他教他計算的方法。牛頓在他凌亂的書桌上找了一陣子沒找著，就答應哈雷整理好了以後寄給他。」

周先生說：「剛才您不是說他已經告訴佛蘭斯蒂德這彗星的軌道是橢圓形的？」

戴維斯先生說：「對。可是他並沒有證明給他看。牛頓多年來對於天文的仔細觀察，對各星球運行早已有了些假設。自從他發明微積分之後，便有了把心中的假設用數學來證明的方法。不過對他來說，數學證明比天文物理的思考要枯燥無聊多了。所以他一直到哈雷向他極力要求的時候，才開始寫下數學證明。牛頓

　　自從幾年前跟虎克因為學術論文中的一些小錯誤，造成不可收拾的爭執以後，對於論文的發表疑心病特別重。所以這次特別謹慎，把他的手稿拿出來仔細校對。他很慶幸發現了自己計算上的一些錯誤，加以更正。」

　　周先生說：「這麼說哈雷比較幸運囉？」

　　戴維斯先生說：「其實值得慶幸的是哈雷有耐心。哈雷生於富裕的家庭，長得英俊高挺，一表人才，為人彬彬有禮，又很懂得處理人際關係。他熟悉了牛頓的個性，牛頓才樂意開始做這件事。另一方面，牛頓這一次用數學證明物理的工作相當順利成功，這更激發了牛頓的興趣。他再接再厲，把很多他長期以來思索的天文現象都給證明了。原本只有八、九頁關於這顆彗星的軌道的計算，最後竟然擴充到了三

大冊的鉅著。哈雷等得雖然急，可是卻沒敢太催促。」

周太太說：「是啊！像牛頓的個性，催急了惹火了他，恐怕就麻煩了。」

戴維斯先生說：「一點也不錯。牛頓為了作其他計算，向皇家天文師佛蘭斯蒂德尋求各式各樣天文臺觀察所得的資料，包括土星、木星和它們衛星的位置，以及月球圓缺時潮汐漲落的數據。由這種種的現象研究，他提出革命性的理論，指出所有的物體，互相都在吸引，也就是萬有引力定律。」

周太太說：「哈雷等了多久呢？」

戴維斯先生說：「三個月後，牛頓交給了他一篇九頁的論文〈旋轉物體的運動〉。哈雷收到牛頓手稿後一讀，立即認定這將是永垂不朽的偉大著作，馬上把

這文章在皇家學院發表。」

周先生說:「這在皇家學院一定造成轟動吧?」

戴維斯先生說:「沒錯。這文章才一發表,馬上就引起大家的注意,也因此立刻給牛頓帶來了很多麻煩。多年前跟牛頓有過強烈爭執的虎克,這時還在皇家學院任祕書長,他這次又挑到了毛病。虎克指出牛頓書中有些理論是抄襲他的想法,還說他自己只不過是懶得用數學證明罷了。虎克覺得牛頓應該在書中指出虎克是首先提出這理論的人。牛頓知道了以後勃然大怒,不但把多年前的舊帳翻出來,一一辯駁,說虎克只是個光說不練的冒牌貨,還把書中原來提到虎克的地方找出來,刻意把他的名字都刪除掉了。」

周先生說:「剛才不是說虎克的一些想法刺激了牛頓的思考,

給他增添了許多靈感嗎？」

戴維斯先生說：「對呀！牛頓如果是器度大的人，是應該給虎克一些功勞的。可是他們兩人的積怨太深，一點芝麻小事都不能互相容忍。這一次的衝突，又愈演愈烈。牛頓氣得要哈雷把文章撤回，威脅他說不願意出書了。」

周太太說：「那哈雷怎麼辦呢？」

戴維斯先生說：「哈雷為了這事，使出渾身解數，用盡手段，才讓牛頓冷靜下來，願意把書寫完。一波未平，一波又起，皇家學院這時候財務出了問題，幾乎要宣布破產，無力為牛頓出書。同時，他們才剛發行了一本有關魚的歷史的書，書雖然很好，可是買的人少，不賺反賠，他們怕又重蹈覆轍。哈雷雖然自己也碰上了個人的財務危機，可是他深深知道這本書對整個人類科學界

的重要性，就挺身而出，承擔下出版者的責任。經過哈雷長期的奔波，牛頓所寫的《自然哲學的數學原理》這本三大冊的鉅著終於出版了。一般簡稱它為《數學原理》。」

周太太問周先生說：「你是學工程的，你看過這本書嗎？」

周先生說：「我只翻過。整本書大概有五百頁吧！除了一開始列了一些定義和他最有名的萬有引力定理之外，裡面滿滿都是不同樣式的複雜幾何圖形，大多數是代表星球軌道的圓形或橢圓形，加上一大堆輔助線。每個圖形都附有好多解釋它們的數學計算。看起來非常艱深難懂。我根本就不敢去碰它。」

三個人都大笑起來。

戴維斯先生說：「牛頓自己多年後說過，他故意把這本書寫得艱深，是有他的道理的。他知道

這學說是大多數人從前沒有聽說過的，即使有少數科學界的精英討論過類似的理論，但是也僅只是討論，沒有人能夠證明。他是第一個用數學的方式來證明的人，而且是用他自己發明的微積分作為證明的工具。這既然是創舉，他要確定讀這本書的人，能夠從頭開始，徹底了解每一個步驟後，才能明白下一個步驟。這麼一來，沒有確實了解的人，就無法吹毛求疵，像以前那樣無的放矢，胡亂批評的人就少多了。」

　　周先生說：「哈哈，我就絕不會批評牛頓的學說。」

　　三個人又都大笑嘻嘻。

　　戴維斯先生說：「果然，這書一問世，就在歐洲的學術界造成了驚天動地的震撼。因為牛頓提出的革命性見解，把很多當時公認的理論都推翻了。就連最有學問的學者都不敢相信他的說法。

可是他們對他用很嚴謹的數學證明一切物理現象，又佩服之至。另外他更有一些大膽的假設，把從前人們無法解釋的現象，都作了合理的推論。所以當時有名的惠更斯和萊布尼茲，雖然不願意完全認可牛頓的理論，但是始終都對他非常的尊敬。」

周太太問說：「我有一個很基本的問題。牛頓的《數學原理》最主要的貢獻在哪裡呢？」

戴維斯先生說：「首先，它對宇宙所有的物體的運動作出了一個解釋，提出了三個定律＊。其

放大鏡

＊牛頓的三大運動定律

牛頓第一運動定律：當物體不受外力作用，或所受合力為零時，原先靜止者仍保持靜止，原先運動者仍沿著直線作等速度運動。這定律又稱為「慣性定律」。

牛頓第二運動定律：物體受力後所得的加速度，和它所受的淨力（也就是合力）成正比，和它的質量成反比。

牛頓第三運動定律：當兩物體交互作用時，彼此互相以力作用於對方，兩者大小相等，方向相反。這定律又稱為「作用與反作用定律」。

次，它指出所有的物體，包括天文中的所有星球，互相之間都有引力，也就是萬有引力。他可以說是匯集了伽利略、克卜勒、哥白尼等前人的學說之精華，加上自己的創見，用數學方式證明出它的正確性。」

周太太問說：「這些都是因為他當年看到蘋果掉下來引起的嗎？」

戴維斯先生說：「那固然是啟發他靈感的因素之一，可是這整個學說畢竟還是他長期研究思考慢工出細活熬出來的。就連他不欲為人知、暗中探索的煉金術與他發展出萬有引力定律都有關係。」

周先生問說：「煉金術跟這怎麼會有關呢？」

戴維斯先生說：「星球之間的引力，是一件非常神祕的現象。在牛頓之前，人們沒辦法想像，

距離相隔遙遠的星球之間，怎能互相影響。當時頂尖的科學家們比較流行的說法是，宇宙間充滿了一種透明的物質——以太。力量的傳送，是靠了以太的媒介來達成的。牛頓花了很長的時間思考這個問題。他用種種方法去推斷，都覺得這理論有漏洞。一直到他深入研究煉金術之後，才體會和領悟到，宇宙萬物之間的吸引力，並不都是需要靠有實體的媒介物。他在那時候就已經假設宇宙間的作用力有幾個不同的種類，包括了重力、磁力、電力、和分子內的各種作用力。」

周先生說：「牛頓實在有偉大的遠見，這些理論到現在還是近代理論物理界在努力研究的主題呢！」

戴維斯先生說：「沒錯！可是牛頓當時沒有把這些假設仔細的在他出版的《數學原理》書中討

論。一方面是因為他有了過去的慘痛經驗，他再也不願意發表沒有經過證明的假設，免得被像虎克那般的人找碴攻擊。另一方面他也恐怕別人發現他在研究煉金術，會引起法律上的麻煩。」

10 學而優則仕

　　周太太問說:「這本書出版以後，牛頓的生活是否受其影響因而改變呢?」

　　戴維斯先生說:「《數學原理》這本書才剛寫成，牛頓就給捲入了政治圈子。信奉天主教的英國國王詹姆斯二世，當時跟羅馬教廷關係密切，想要指派一名教會神父到劍橋大學去任職。這在當時君主政體的英國，本來不算是一件反常的事。可是這一次的任命性質不同。詹姆斯二世明顯的要這名神父到劍橋大學去干預學校行政，達到國王自己操縱學校未來方向的目的。學校裡的人員都意識到，如此一來會造成學校失去獨立性的嚴重後果，可是沒有幾個人敢反對國王的旨意，因為大多數的人都擔心因此

而失去大學的職位。

「牛頓其實已經不在乎是否能留在劍橋大學了。他表現出不懼權威的個性，挺身為大學的權益辯護。經過他的出色表現，劍橋大學的委員會也一找回了自己的骨氣，他們依法力爭，竟然拒絕了詹姆斯二世所任命的神父。但詹姆斯二世畢竟還是國王，仍舊堅持己見，硬把這名教會神父塞進了劍橋大學，不過出乎意料的是，詹姆斯二世並沒有嚴屬處置這些反對的人員。

「不久之後，政局轉變，詹姆斯二世被放逐，這名神父失去靠山，看到形勢不妙，沒有得到學位就離開了劍橋大學。」

周先生說:「這麼看起來，牛頓好像有了改變，不再獨善其身、閉關自守了?」

戴維斯先生說:「對！我們可以猜想，因為完成了這本鉅著，

牛頓對自己的能力有了足夠的信心，願意為自己看重的事站出來。

「牛頓因此受到學校的重視。在隨後的一場選舉中，被推舉為代表劍橋大學的國會議員。」

周太太說：「牛頓當過國會議員？他任內的表現如何呢？」

戴維斯先生說：「牛頓擔任國會議員的一年中，據說只發言過一次。這僅有的一次發言還只是因為他嫌會場有涼風，要求工作人員關窗。我們無法證實這是不是真的，不過根據學校保存的文書檔案，事實證明他非常盡責。在會期之間，他雖然沒有發言紀錄，可是他以書面向學校仔細報告國會中與劍橋大學有關的所有討論，一絲不苟。

「見過世面以後，對劍橋閉塞生活開始不滿的牛頓，在倫敦的這一年，碰到了一些在學問水

準上與他相當的朋友。荷蘭人惠更斯是一位有成就和名望的物理學家。英國人洛克和牛頓的興趣更相近。除了數學之外，他們兩人在物理、神學、煉金術各方面都有非常頻繁的討論通訊。」

周太太問說：「洛克？是不是那位提出自由民主的觀念的哲學家？」

戴維斯先生說：「沒錯！就是那位！歷史上大家公認，引發美國日後爭取獨立和成立民主政府的理念，正是起源於洛克的學說。另外有一名年僅二十五的瑞士數學家法提歐，與牛頓一見如故。他們兩人很熱烈的交往了一段時間。從他們留下來的往返書信，可以看出兩人之間不尋常的親密關係。

「牛頓這時候體會到如果他想留在倫敦，就必須找一份政府單位的工作。於是他開始找熟人

拉關係。一時並不理想，沒有什麼門路。」

周先生說：「牛頓的《數學原理》出版了，他也開始有名了，不是應該很容易嗎？」

戴維斯先生說：「照理說，這應該是牛頓聲望如日中天的時候。可是不幸的，這時期反而可以說是牛頓一生中最不順利的階段之一。

「牛頓為了寫《數學原理》這一套鉅著，絞盡腦汁，已經是身心俱疲了。接著又碰到一連串不如意的事情：他在煉金術方面雖然花了多年功夫，可是毫無成就；他想在倫敦找份政府單位的工作也沒有著落；跟他熱絡交往了一陣子的法提歐突然跟他分手；再加上一次火災使他很多心愛的書本和辛苦寫下的筆記付之一炬，牛頓受到極大的打擊。這些疲累和打擊嚴重到使他精神分

裂。他在神智不清的情況下，寫了幾封言詞苛刻的信，寄給洛克和另一位當年對他有恩且年高德劭的教授，提出一些無中生有的事件，胡言亂語的漫罵對方，讓收信人一頭霧水。」

　　周太太說：「牛頓這麼聰明的人用腦過度了，也會發生這種事情？他後來好了嗎？」

　　戴維斯先生說：「幾個月後，牛頓恢復過來，有朋友告訴他，牛頓才知道自己得罪了好朋友和自己尊敬的教授長者，羞愧萬分。牛頓去信解釋，說自己長期睡眠不足，有一陣子連續一個星期未閤眼，才會不知所云的寫出那些信來。這兩位朋友，本來就覺得信的內容太過古怪，不像是任何理智清醒的人寫得出來的，就已經猜測牛頓也許是病了。現在知道他不是有意要侮辱他們，自然就原諒他，不再追究了。」

　　周太太問說：「那牛頓找政府
單位工作的事情進行得如何呢？」

　　戴維斯先生說：「經過好一段
時間，牛頓終於等到了一個機
會。他在一個好朋友孟塔古的推
薦之下，找到一個在鑄幣廠督察
的工作。他一得到消息，馬上接
受了這份差事，搬出了大學，移
居倫敦。好了，我把牛頓在劍橋
大學三十五年的故事都說給你們
聽了。牛頓的後半輩子都是在倫
敦過的，他幾乎沒有再回到劍橋
來。」

　　周先生站起身來，緊握著戴
維斯先生的手說：「我們也該告辭
了。今天實在是謝謝您，花了您
這麼多時間。您講得太精彩了。
我們現在對牛頓的了解深入多
了。」

　　周太太說：「是呀！以前我們
對牛頓所知太少了。原來他有這
麼多的故事。我們現在可以再去

倫敦探訪有關牛頓的遺跡了。請問您鑄幣廠在什麼地方呢?」

戴維斯先生說:「今天的鑄幣廠在倫敦西邊兩百公里,是1968年開始使用的。可是在牛頓的時代,鑄幣廠在倫敦塔裡面。」

周太太徵求先生的意見說:「那我們去倫敦塔囉?」

周先生說:「那當然啦!」

夫妻兩人再次謝過了戴維斯先生,離開了劍橋大學,上路前往倫敦。上了車,周太太對先生說:「牛頓在這麼秀麗的校園過了三十幾年的光陰,竟然沒有常常回來,真教我想起徐志摩的那句詩:我揮一揮衣袖,不帶走一片雲彩。」

周先生笑說:「牛頓和徐志摩都是劍橋大學薰陶出來的天才,不過他們的個性和興趣可真是完全不同呀!」

11 鑄幣的
改革和整頓

　　周先生夫婦開車來到倫敦市金融區的東邊，在泰晤士河與塔橋的旁邊，看到了倫敦塔。

　　被護城河以及城牆圍著的倫敦塔，就像是一座城堡，莊嚴穩重的座落在泰晤士河邊。一座座灰白色的圓塔和城垛，隱藏著幾百年的英國王室歷史，吸引了無數的遊人。

　　周先生夫妻兩人買了參觀券，隨著旅遊觀光客人潮，聽著導遊的講解。

　　倫敦塔是 1078 年建造的。這整群的建築物最初是作為堡壘和皇宮用的。幾百年來，在不同的時期，有過不同的用途：軍械庫、國庫、鑄幣廠、刑場、公共檔案室、天文臺、動物園、避難所和監獄，特別是關押貴族或是

重要的囚犯。現在觀光客能參觀的有英國皇家的王冠寶石，一些皇家軍械庫收藏，和一小段羅馬人留下來的斷垣殘壁。

另外，政府還特別撥了經費在倫敦塔裡養了幾隻烏鴉。傳說中，認為塔中只要有烏鴉，王室就不會滅亡。為了確保這些烏鴉不會飛離倫敦塔，牠們被剪除了部分的羽翼。不過，牠們受到政府雇員非常細心的照顧。

導遊全程的講解，提到鑄幣廠和牛頓的事情不多。周先生夫妻兩人就特別請求導遊介紹一位在這方面有研究的專家貝利先生，來為他們仔細敘述牛頓在鑄幣廠這段時期的事蹟。

貝利先生帶著他們夫妻，專門再到倫敦塔中當年鑄幣廠所在的建築物去，邊走邊陳述三百多年前的故事。

貝利先生指著城牆和旁邊的

泰晤士河說：「早期的英國，有好一些鑄幣廠，分散在全國好幾個地方，後來逐漸集中。1279 年的時候，只剩下倫敦塔這裡唯一的一處。因為倫敦塔三面被護城河以及城牆圍著，一邊面臨著泰晤士河畔，非常容易守護，確保金幣的安全，所以鑄幣廠在這兒持續了將近五百年。後來一直到牛頓的年代以後，因為增添了許多新的機械之後，實在放不下了，才搬到倫敦西邊兩百公里的新地方去。」

周太太問說：「貝利先生，牛頓是一個科學家，他怎麼會到鑄幣廠來做事？是否有些格格不入？」

貝利先生說：「很多人聽到這件事的時候，都有相同的反應。我想如果妳對歷史的背景了解了，就比較容易看得出來，他到鑄幣廠來任職，還真是英國的福

氣呢！當時英國正在跟法國作戰，國庫的財政出現了很大的虧空。政府徵詢各界專家學者對扭轉國家財政危機的意見。牛頓已經有了受人尊敬的學術地位，也是當時被邀請的建言者之一。結果大家都認為改革幣制是最重要的策略之一，因此鑄幣廠的重要性就相對提高了。反觀當時鑄幣廠多年來管理鬆弛，行事腐敗，亟需要強而有力的領導者積極整頓。改革幣制的革新籌劃和製造技術，更需要有高度才學的知識分子參與。牛頓進入鑄幣廠，正是最適當的時機。」

　　周先生說：「這麼說，英國的財政部和鑄幣廠還相當有眼光囉？」

　　貝利先生笑笑說：「那倒也不見得，只能算是誤打正著的運氣吧？當初牛頓的好朋友孟塔古以為他只想找個閒散的差事，所以

推薦他做鑄幣廠督察。一般人都認為，鑄幣廠督察的工作本來只是個暫時性的職位，沒有什麼實際的權力和責任。可是牛頓不管做什麼事，都認真得不得了。他一上任就細心觀察廠裡大大小小的所有事務，以及所有廠內保存的歷史紀錄。就像其他任何的學問一般，他仔細的作筆記。他把各種文件分門別類的整理清楚，還給筆記本作了索引，以便他日後參考之用。」

周先生說：「看起來牛頓是想把這個暫時性的職位轉變成長遠的事業？」

貝利先生說：「他從廠內保存的歷史文件找出組織章程，證明鑄幣廠督察的工作不但是永久性的職位，而且還有很大的權責。只是因為多年的行政荒廢，被人忽視了。因此牛頓恢復了督察的原有職權。經過他的記錄和分

析，利用他的數學天才，從來沒有人能確定過的鑄幣費用，他可以很精確的計算出來。如此一來，沒有人再敢貪汙。當時鑄幣廠廠長跟一些有利益衝突的人有金錢借貸的現象，也被他檢舉出來。一時整個組織系統都改革更新，效率大增，為英國的財務情況打了劑強心針。在英國鑄幣廠的歷史上，前後多年的生產力都比不上牛頓任職的那段時間。」

周先生說：「這麼說來牛頓的才華還真派上用場囉？」

貝利先生說：「那當然啦！他多年來在數學和分析方面的專長太有用了。就因為如此，他順便也把當時失業，正在找工作的哈雷，在鑄幣廠另一個分廠找到一個位置安插。哈雷當年費盡心力為牛頓出版《數學原理》，這次牛頓總算還了哈雷的天大人情。不過，聽說哈雷雖然感謝牛頓為

他找到這差事，可是對鑄幣廠的繁重工作有些吃不消。牛頓不欲人知從事多年的煉金術研究，對於他改進鑄幣廠的製造過程也有極大的幫助。因為他對各種金屬的所有物理和化學性質，都已經了然於胸了，對於鑄幣技術的改良，推行起來非常得心應手。」

周太太問說：「他們怎麼樣推行幣制的改革呢？」

貝利先生說：「當時一個棘手的問題是有關金幣的價值。舊的金幣鑄造得簡陋，上面刻的圖形線條簡單而又不夠精緻，幾乎完全沒有品質管制，很容易被仿造。金幣的邊緣沒有任何刻紋，也常常被人刮下來，另外再去融合新的金幣，所以金幣越來越小。當時市面上有些流通的金幣，甚至於還是一百五十年前發行的。本來就可以算是粗製濫造的硬幣，經過如此長時間的磨損

之後，更不堪使用了。因為大家對金幣的價值失去了信心，商家為了保護自己的利益，把可能收到偽造幣的損失加到成本裡，把價格提高，造成了通貨膨脹。最諷刺的是，通貨膨脹的結果，使得真的金幣的黃金價值，比英國政府所訂定貨幣本身的面值還高。很多會辨識真金的人，搜集了金幣，融化後再拿到外國去賣，從中牟利。總而言之，當時金融貨幣的情況簡直是一團糟。所以政府決定改革幣制，回收老幣，重鑄新幣。市面上的交易以新幣取代了舊幣以後才能使經濟穩定下來。」

周先生問說：「他們用什麼方法去防止偽造呢？」

貝利先生說：「首先他們把金幣重新設計，上面刻的圖像變得複雜且精緻。再從法國引進最新的鑄幣機器和技術，經過嚴格的

品質管制，鑄造出來的金幣，讓歹徒非常不容易以低成本仿造。金幣的邊緣也加上極度規則的精細刻紋，一刮就看得出來，教人無法非法圖利。民眾見到了有明顯改善的金幣，信心開始恢復過來，願意繳出舊幣來交換新幣，對金幣的需求量快速增加。為了因應需求，鑄幣廠不停的增加產量。最忙的時期，有三百名工人加上五十四匹馬，推動九臺龐大的壓幣機。」

周太太轉身看看四周，很驚訝的說：「在這倫敦塔裡，哪裡能容納這麼多人和機器呀？怪不得要搬。」

貝利先生說：「沒錯！本來牛頓剛上任的時候為了好好仔細觀察工作情形，就住在這倫敦塔裡。這樣子他可以早上四點鐘就監督早班工作人員開工，午夜再看夜班工作人員收工。可是後來

連他這麼認真的工作狂，都受不了如此多人馬機械的吵雜和經年累月揮之不去的沖天臭氣，不久之後就在塔外附近另外找了個住處。」

周先生問說：「他們新設計鑄造的金幣是否有效的防止了偽造呢？」

貝利先生說：「唉！這世上總是會有人為了錢財鋌而走險。雖然偽造的困難度提高了，但是道高一尺，魔高一丈，還是有人偽造。據牛頓的估計，當時高達百分之二十的硬幣都是偽造的。鑄幣廠督察還有一項工作，是牛頓不太喜歡的，那就是偵辦和起訴偽造錢幣的罪嫌。但是牛頓一旦發現這責任是推不掉的，他就非常認真的執行。」

周先生問說：「偽造金幣是否為一項很嚴重的罪呢？」

貝利先生說：「那當然啦！據

當時的法律，偽造錢幣擾亂國家金融制度是視同叛國的死罪，而且還會受到裂屍酷刑。定罪最重要的是需要人證。牛頓為了要找到足夠的證人，他帶著助手走遍倫敦下級社會的大街小巷，有時甚至還化妝成地痞流氓，騙取情報。」

周太太說：「沒想到牛頓還扮起偵探的角色。他做得成功嗎？」

貝利先生說：「牛頓到底是聰明人，短短的時間裡，他就收集了幾十名證人的供詞，抓到二十幾名偽造錢幣的罪嫌，一一一定罪。在所有的案子中最有名的，是關於那時候一位名叫查洛納的狡猾商人。查洛納因為誣陷一批天主教徒而致富。貪得無厭的他更膽大包天的控訴鑄幣廠，說鑄幣廠監守自盜，將鑄幣工具提供給偽造者。他還利用有權勢的朋友，請求國會授權他到鑄幣廠內

部去檢視作業程序。表面上他說要提出新方法來防止偽造，但是其實他正是在趁機偷取鑄幣廠的製造程序機密，以便自己從事生產偽幣的勾當。」

周先生說：「這個人也未免太大膽了吧？」

貝利先生說：「是呀！查洛納的詭計被聰明絕頂的牛頓識破。牛頓調查出他的背景，發現他的動機之後，對他的作為勃然大怒，向司法機關檢舉。沒想到查洛納結識的那批高官顯要，竟然鑽法律漏洞，讓他脫身而出。牛頓更加憤恨，盡全力採集證據，在鐵證如山之下，把逃亡在外的查洛納引渡回英國受審定罪。最後，查洛納在朋友關說都無效的情況下，被處了死刑。」

周太太說：「聽起來很戲劇化。我從來不知道牛頓竟然還有這樣的故事。」

12 倫敦的新貴和美麗的甥女

　　貝利先生繼續說:「牛頓作了三年之後，鑄幣廠廠長去世。牛頓很自然的接任廠長。據當時法令的規定，鑄幣廠所鑄產出的所有錢幣，每一枚都抽百分比來給廠長做紅利。矛盾的是，牛頓花了好大功夫革新鑄幣廠的組織，使得鑄幣效率提高，產量大增，替前任根本不管事的廠長，賺進了好多收入。可是等到牛頓自己接任的時候，產幣量已經不在最高峰的時期了。不過，即使如此，牛頓還是很快的增加了許多財富。

　　「牛頓覺得自己在倫敦的職位穩定下來了，就把還在兼任的劍橋大學盧卡斯講座數學教授的職位辭去了。後來，英國鑄幣的需求量大幅減少。牛頓開始覺得

需要新的挑戰，考慮另起爐灶。鑄幣廠廠長的位置，傳統上都是終身職。因為牛頓對鑄幣廠的業務非常熟悉，皇家政府對他絕對信任。所以即使他想找其他的工作機會，政府也允許他兼差。

「這時候牛頓開始進軍政壇。本來牛頓不是一個外向的人，不適合走政治之途。可是因為他的好朋友孟塔古在財政部做官，所以利用關係，他又再一次當選了國會議員。」

周先生問說：「牛頓從前在劍橋大學的時候當國會議員，聽說從不發言。這一次有沒有改進呢？」

貝利先生說：「還是差不多。我們猜他只是想藉這機會多認識些重要人物吧。不過，才三、四個月，牛頓支持的英國國王威廉三世去世了，造成很大變化。繼任的安妮女王政治立場完全不

同，把國會解散。識時務者為俊傑，牛頓眼見情勢不利，決定保持低姿態，不再出來競選。他的這步棋走得高明。安妮女王來了個大清算，把從前擁護威廉三世的人都趕下臺。牛頓認識了三十五年的好朋友孟塔古，本是威廉三世的親信，極有權勢，這時候就丟了官。當時擔任皇家學會會長的桑莫斯，也是威廉三世的支持者，也幹不下去了。正在這個時候，1703年，皇家學會的祕書長虎克去世。你們知道虎克吧？」

周太太說：「我們知道虎克和牛頓之間有過很多的爭執。」

貝利先生繼續說：「對了。因為牛頓跟虎克是多年積怨的死對頭，只要虎克在皇家學會一天，牛頓就絕不踏入學會的大門。現在這位人物去世了，牛頓在皇家學會沒有了冤家。當時的會長桑莫斯想離開這職位，學會有意邀

請牛頓，這時機又正巧是牛頓考慮他自己事業前途的時候。所以牛頓馬上就答應了，接任了皇家學會的會長職位。心胸狹窄的他，上任第一件事就是把學會裡虎克的畫像給換了下來。」

周先生笑著說：「哈哈，這種報復行為好像小孩子一般嘛！」

周太太問說：「貝利先生，說到這裡，我想起一個問題。我對牛頓的個人生活很好奇，他在劍橋大學的三十年都一直跟神祕兮兮的韋金斯同住。他搬到倫敦之後，是一個人獨居嗎？」

貝利先生說：「這個問題問得好，這方面有些很有趣的故事。牛頓剛到倫敦，他同母異父的一個妹妹的女兒，凱瑟琳‧巴騰，就來投靠牛頓，住在他家裡。凱瑟琳長得非常美麗，頭腦聰敏，口才伶俐，在社交的手段上又遠超過她的天才舅舅。所以她到倫

敦沒有多久，就很出風頭了。

「牛頓的好朋友，推薦他來鑄幣廠工作的孟塔古，在牛頓家裡第一次看到凱瑟琳就一見鍾情。兩人來往非常親密，有謠傳他們祕密的結婚了，可是我們找不到什麼實際的證據。不過年齡比凱瑟琳大很多的孟塔古，在他的遺囑裡，留下來一大筆的遺產給她。可以看得出來他們非比尋常的關係。」

周太太問說：「我們在哪裡可以看到凱瑟琳的畫像呢？我很想看看她到底有多美。」

貝利先生說：「很可惜，好像從來沒有人發現過凱瑟琳的任何畫像流傳下來。不過，牛頓的一位好朋友，約翰‧史威夫特，也就是寫過《格列佛小人國遊記》和其他很多名著的作家，在牛頓家見過凱瑟琳之後，對她的美貌和風度氣質，也是讚不絕口。我

猜以史威夫特的絕妙文筆，他對凱瑟琳的描述，一定是很準確逼真的。史威夫特在給他朋友的書信中不停的誇凱瑟琳，說她除了外表的美以外，還保持有鄉下人的純真。」

周太太問說：「那孟塔古死後，凱瑟琳的情形如何呢？」

貝利先生說：「孟塔古才剛去世，凱瑟琳就碰到了康杜特。康杜特是牛頓在皇家學會認識的一個年輕人。牛頓當時正忙著研究《聖經》年代學，找康杜特到家裡來幫忙。兩個人就這麼見了面。年齡才二十九歲的康杜特，看到比他大十歲，仍舊很漂亮的凱瑟琳，也是一見鍾情。見面才兩個月就結婚了。後來，牛頓信任康杜特這位甥女婿，什麼事都跟他講。康杜特因此搜集了最多牛頓的傳記資料。牛頓去世後，鑄幣廠廠長的職位，也由康杜特

接任。好了。我想關於牛頓在鑄幣廠的事蹟，就替你們講到這裡吧！」

周先生說：「貝利先生，非常謝謝您今天為我們講述牛頓在鑄幣廠的歷史。我們想繼續去探訪牛頓下一個時期在皇家學會的情形。請問皇家學會在什麼地方？」

貝利先生說：「皇家學會離這裡很近，往西邊走四公里就到了。」

周先生夫妻告別了貝利先生，找到了皇家學會的所在地。

13 皇家學會的認真會長

　　兩個人很意外的發現，原來皇家學會離白金漢宮只有不到一公里的距離。它是一座很好看的建築物。從樓上陽臺可以看到聖詹姆斯公園和白金漢宮的景色。內部的建築和裝潢則同時表現了古典的莊重和現代的高雅。他們環顧四周，形形色色的繪畫雕像和收藏，代表了人類三百五十年來在科學方面的發展。

　　皇家學會是英國最高研究機構，只有圖書館可以供遊客參觀。周先生夫妻跟管理人員解釋了他們對牛頓的興趣，學會就找了一位在圖書館服務的職員衛連絲女士，特別為他們介紹皇家學會的歷史和牛頓在皇家學會時期的事蹟。

　　衛連絲女士說：「歡迎參觀皇

家學會。我們可以從歷年來曾經當選過皇家學會院士的名單中看到人類科學界的巨人。大多數我們在中學的數學、物理、化學課本裡提到的科學家差不多都包括了。最有名的像達爾文、愛因斯坦、羅素、萊布尼茲等等，都曾經是皇家學會院士。

「我們回頭來看皇家學會的歷史。皇家學會的起源在於 1640 年代幾位學者對於自然哲學的一些討論。剛開始只是很不拘形式的不定期聚會。 1660 年年底，包括雷恩教授在內的十二位學者，正式成立了一個提倡物理數學實驗學習的機構。他們最初的計畫是每週聚會，觀察某些實驗，然後再作討論。第一任負責安排實驗的學者是虎克。」

周太太說:「我們知道，就是那個和牛頓之間有很多爭執的虎克吧？」

　　衛連絲女士說：「對啦！虎克是個很會做各種實驗，又有很廣泛興趣的人，所以擔任這職位非常適合。他的好大喜功，愛好吹噓，也許有些人覺得厭惡，可是正因此這個學會才能吸引他人的注意。不久之後，消息傳到當時英國國王查理二世耳中，查理二世欽命允許而且鼓勵這個活動，次年這個組織就被稱為『倫敦改進自然知識皇家學會』，簡稱『皇家學會』。剛開始的時候，皇家學會的品質水準還可以。在牛頓接手之前，開始走下坡。」

　　周先生說：「他們既然有了國王的允許稱為皇家學會，怎麼還會有問題呢？」

　　衛連絲女士說：「沒有那麼簡單。當時英國皇家學會正處於一個相當潦倒的時候。會議討論的主題很淺薄，加上內容品質不佳，吸引不了多少知識分子，也

不太受到社會和企業的重視。原來將近兩百人的會員，縮減到一百人。沒有什麼團體給予財力的援助，會員又不按時繳費，學會已經瀕臨破產的邊緣了。可是牛頓一接任會長，加以整頓，情況就不同，有了顯著的進步。就像鑄幣廠的情況一般，牛頓專注認真的個性和做事能力，又使他再次的把一個垂危機構的命運扭轉過來，起死回生。」

周先生說：「牛頓實在是超人，他不管做哪一行，情況再糟的組織團體，只要他一出手，就都能敗部復活。他究竟怎麼樣去整頓皇家學會呢？」

衛連絲女士說：「我們先從一個例子來看吧。皇家學會的前兩任會長，一位是牛頓的好友孟塔古。孟塔古擔任會長的三年之間，只主持過一次會議。另一位會長桑莫斯的五年任期中，一次

會議都沒有主持過。而牛頓在他作會長的二十年中，只有三次會議缺席，其他的會議全都由他主持。」

周太太說：「哇！牛頓真是個徹底實在，又有恆心的人呀！」

衛連絲女士說：「對呀！所以他才會成為如此的偉人。除了聰明絕頂，他還有超乎常人的毅力。他凡事都要從根本做起。每一次會議，他事先認真的審查主題和內容，把不夠水準的淘汰掉，並且親自主持。

「我們從牛頓遺留下來的筆記本就知道，他從小就有把知識分門別類組織起來的習慣。他對過去皇家學會零亂不堪的討論，實在看不下去。他就把所有的學問分成五個部門：一、數學和力學；二、天文學和光學；三、動物學、器官學和生理學；四、植物學；五、化學。

「從那時起，所有的討論題材，依據部門來分類之後，由各部門的專家負責籌劃。這麼一來，皇家學會的活動井然有序多了。

「牛頓當時在歐洲學術界已經有了名氣，科學家們對他有信心，開始出席皇家學會的會議。學會會議的品質日漸提高，會員出席率增加，牛頓開始加強執行會費收繳。另一方面，外界對皇家學會的印象轉變，開始恢復捐款，學會的財務改善很多。因為學會所在的房舍破舊，他又不停遊說英國女王，要求新建。當時英國戰事頻頻，國庫虛空。可是牛頓鍥而不捨，幾年之後，終於獲准，皇家學會搬進了新的建築物。

「牛頓雖然不是個能說善道的人，可是他的行政能力很強。在他領導之下，英國皇家學會不

　　僅是英國最高學術機構，也幾乎成了全歐洲的科學頂尖組織。所以他到學會以後的二十幾年，每年都當選會長，一直到他去世。

　　「在這麼長的一段時間裡，牛頓推動皇家學會從事科學各方面領域的研究發展以及學術交流。這範圍是人類科學界前所未有的。另一方面，因為他擔任學會會長，科學界對他所創出的天文學、數學、光學、化學等等理論，也有了比較完整的認知。」

14 光學上的遠見

周先生問說：「牛頓有了行政上的責任，在學術上是否還有什麼成就呢？」

衛連絲女士說：「牛頓接任皇家學會會長的時候，已經是六十一歲的年齡了，早已過了他創造力的尖峰期。可是他決定出版《光學》。」

周太太說：「牛頓不是才二十幾歲在大學的時候就已經對光學很有研究了，為什麼到這個時候才出版《光學》呢？」

衛連絲女士說：「不錯，牛頓早在那時候就已經是全世界最懂得光學的人了。可是，當年他到皇家學會發表他的研究論文的時候，被虎克無理批評而動怒，立誓不再輕易把自己辛苦思考研究的學問拿出來公開。這時候自稱

是光學權威的虎克去世了，有崇拜牛頓的學者苦口婆心勸他，他才答應出書。在科學界的歷史上，牛頓的《數學原理》可以算是最重要的一本書，可是《光學》卻可以說是影響最廣大而深遠的書。」

周先生問說：「為什麼呢？《光學》書裡包含了什麼呢？」

衛連絲女士說：「《數學原理》有牛頓最重要的力學三大定律和微積分，是最重要的。可是因為是用拉丁文寫的，加上艱深的數學，沒有幾個人能完全看得懂。《光學》是用英文寫的，不需要用數學說明，廣大的讀者都能了解。內容也沒有什麼引起爭議的地方，所以它的影響廣大深遠。

「《光學》從光線的反射和折射，彩虹的形成和三稜鏡的作用講起。這都是牛頓三、四十年

前就作實驗證明過的現象，所以他駕輕就熟，以容易令人信服的推理解釋理論。牛頓記取了多年前被虎克挑剔的教訓，在這本書中特別強調，他只陳述事實，而不做任何假設。」

周先生問說：「但是像牛頓這樣的天才科學家，真正偉大的貢獻，不正是來自於他們超乎常人的想像和假設能力嗎？」

衛連絲女士說：「你講的一點都不錯！如果牛頓不做任何假設，他的偉大發明和發現都不可能有了。可是別擔心，牛頓可聰明了。他在陳述事實之後，列了一些問題。這一條條的問題，其實就是他的假設，供人深思。因為他說是問題，所以別人無法以對或錯來評論它們。

「從我們現在人的眼光來看牛頓三百年前提出的這些問題，不得不佩服得五體投地。他的第

一個問題是：『物體是否能夠隔著一段距離就可以施力，使光線因而彎曲呢？』

「他提出這個問題之後差不多兩百年，愛因斯坦發表了重力場使光線轉彎的理論，而且得以證明。

「他又問：『物體和光之間，是否有相互作用，使得物體內的分子振盪，進而產生熱和能量呢？』

「在兩百年後，愛因斯坦提出來的光電效應，以及後來的量子力學，也證明了牛頓的先見之明。

「牛頓又問：『就如同重力、電力、磁力一般，物體中最小的粒子之間，是否也是有吸引力和排斥力，可以隔著空間的距離而相互作用呢？』

「這正是愛因斯坦以及一直到現代的科學家們還在努力尋覓

答案的大問題 —— 統一場論呢！」

　　衛連絲女士一口氣講到這裡，只見周先生夫婦兩人聽得目瞪口呆。

　　周太太說：「難怪他是歷史上公認的科學之父，真是當之無愧。」

15 學者間的惡鬥

衛連絲女士說：「不過，牛頓在皇家學會後來的二十年卻也不是怎麼好過喲！」

周太太問說：「怎麼回事呢？」

衛連絲女士說：「牛頓跟兩個學術界的人發生了很大的爭執。」

周先生說：「虎克已經去世了，還會有誰呢？」

衛連絲女士說：「第一位是英國皇家天文師佛蘭斯蒂德。」

周太太說：「喔！我記得！當年牛頓曾經向佛蘭斯蒂德尋求各式各樣天文臺觀察得的資料。他們為了什麼事情起糾紛呢？」

衛連絲女士說：「就是因為兩人對於天文的共同興趣造成了他們之間的摩擦。你們知道他們之間前後二十多年來的恩怨嗎？」

周先生問說：「我們不清楚佛

蘭斯蒂德這個人，您是否可以介紹一下？」

衛連絲女士說：「佛蘭斯蒂德的背景其實跟牛頓蠻相似的。三歲就喪母的佛蘭斯蒂德，對他馬上就再婚的父親很不能諒解。十五歲時的一場大病使他臥床數月，而且還造成他的終身跛足。不過他為了超越身體上的缺陷，轉而專心求學，其中對天文學特別著迷。他也畢業於劍橋大學，受到皇家學會的重視，推薦給國王查理二世，擔任了英國皇家天文師。」

周先生說：「他的童年出身，教育經過，對天文的興趣，一直到學術界方面做到國家級的專家，真的和牛頓太相似了。兩個如此類似的人，為什麼會有衝突呢？」

衛連絲女士說：「這要從他們的三次接觸說起。第一次是 1680 年

大彗星出現時。那時候兩人還惺惺相惜，因為兩人對大彗星的看法一致，說它是一顆彗星，而非兩顆。這時候牛頓很賞識佛蘭斯蒂德。1684年哈雷邀牛頓寫書，牛頓開始作研究，之後的兩年從佛蘭斯蒂德那裡，收集了很多天文上的觀察資料。佛蘭斯蒂德當時已經擔任了英國皇家天文師。

「第二次接觸是十年之後的1694年。牛頓在他的《數學原理》出版後，對於他未能完全解釋月球運動而耿耿於懷，想要以更多的數據研究來補充他的學說。於是，牛頓向佛蘭斯蒂德索取資料，由於牛頓的要求太高，兩人就在這期間開始交惡。那時候牛頓為了急著想要利用數據計算星辰軌道，以證明自己的新理論，便不停的催促佛蘭斯蒂德。而佛蘭斯蒂德也是個做事極為認真的人，他就怕自己辛辛苦苦觀察得

來的數據有錯誤，所以堅持要一再檢查，確定是正確無誤才願意放手。佛蘭斯蒂德的敬業認真，竟然被牛頓視為遲鈍懶散，把佛蘭斯蒂德氣壞了。佛蘭斯蒂德原本對牛頓的要求是有求必應，誰知牛頓吹毛求疵，只要有一點小錯誤，他就大作文章，批評佛蘭斯蒂德。連佛蘭斯蒂德生病了，他也毫不同情，照樣催促。

　　「第三次是又過了十年之後的 1704 年。牛頓對學術研究鍥而不捨，又再次向佛蘭斯蒂德索取天文資料。本來佛蘭斯蒂德不想再去理會，可是牛頓一方面假惺惺的恭維佛蘭斯蒂德，一方面又利用職權去壓迫他。而佛蘭斯蒂德一方面很不情願，一方面又堅持捍衛真理和自己的名聲。佛蘭斯蒂德的終身目標是把自己觀察所得的天文數據，作最完備周全的記錄。但是牛頓的目的是要逼

佛蘭斯蒂德儘快交出資料，供他證明自己的理論。佛蘭斯蒂德一再抵制，牛頓居然利用國王和王子施壓，御令徵召他的所有資料，強制出版。欺人更甚的是，他還把出版一事交給佛蘭斯蒂德的勁敵哈雷處理。」

周先生說：「牛頓如此強人所難，佛蘭斯蒂德有什麼反應呢？」

衛連絲女士說：「我們也不能小看了佛蘭斯蒂德的意志力。他投訴法院，贏了官司，法庭判決停止出版。佛蘭斯蒂德把已經印好了的三百本全數收購，然後付之一炬！」

周太太說：「哇！有骨氣！那牛頓的面子不太好看囉？」

衛連絲女士說：「那當然！牛頓對此反應非常小器，他把佛蘭斯蒂德的名字，從後來的《數學原理》書中剔除了。」

周太太說：「真的？牛頓竟然

會做這種改變歷史的事?」

衛連絲女士說:「不過,我們都知道歷史是不容輕易抹殺的。佛蘭斯蒂德雖然生前沒法看見自己的願望實現,但他的遺孀和學生繼承他的遺志,終於把他的天文數據資料,以他希望的形式和標準出版了。」

周太太說:「佛蘭斯蒂德好可憐。牛頓為什麼要這樣逼迫他人呢?」

衛連絲女士說:「據對牛頓有深入了解的歷史學者分析,牛頓有一種使命感,認為天體的運轉,自然的奧祕,只有他受天之命去闡釋,其他人的角色只是在支持他的任務。牛頓認為佛蘭斯蒂德有了天文資料,自然是該提供給他。牛頓為了達到他自己的目標,認為別人的需求完全不重要。可是同樣道理,佛蘭斯蒂德大概也覺得他自己的使命在於發

表天象圖。他自己心中訂有高標準，不願意輕易妥協。所以他對牛頓的施壓很反感。」

周先生說：「兩個人都有堅強的意志力，所以才會有此衝突。牛頓另外跟誰有衝突呢？」

衛連絲女士說：「在歷史上最有名的著作權爭議事件，恐怕就算牛頓和萊布尼茲兩人發明微積分的事了吧。」

周先生說：「不錯，我們都聽說過。您是否可以跟我們解釋一下這件事情的來龍去脈呢？」

衛連絲女士說：「這件事情有些複雜。我從歷史上可以考證的一些事蹟來分析。牛頓最早開始發展微積分的觀念，大概是1666年。可是他一直沒有公開發表。記錄顯示，萊布尼茲從1674年開始作了些關於微積分的筆記，1684年他有了公開出版的文件，討論微積分。而牛頓一直到1693

年才以文字解釋他的微積分的一部分觀念。一直到 1704 年他才出版全部的解釋文字。」

周先生說:「這樣看來,微積分確實是兩人分別獨立發展的囉?」

衛連絲女士說:「事情沒那麼簡單。 1676 年,萊布尼茲訪問倫敦時,有人把牛頓一份關於微積分的手稿,展示給萊布尼茲看。問題出在,這篇手稿從未公開發表過,萊布尼茲的過目也並沒有事先經過牛頓同意。因為這是在萊布尼茲公開出版文件之前,所以引起了爭端。這件爭議從 1699 年開始醞釀, 1711 年全面爆發。可憐的萊布尼茲,餘生最後幾年都被這事纏身。」

周太太問:「這件爭議怎麼開始的呢?」

衛連絲女士說:「首先是崇拜牛頓的忠實學生,指出萊布尼茲

的微積分觀念來自牛頓。牛頓也一直宣稱是他先發明了微積分，可是一直沒有拿出實際正式公開發表過的文件作證據。甚至於牛頓這方面的手稿也是在牛頓死後才公諸於世，日期已經不可考。」

周先生問說：「那萊布尼茲怎麼說呢？」

衛連絲女士說：「萊布尼茲那方面的證據有幾點：

第一：萊布尼茲在牛頓出版任何文件之前幾年就已經公開發表過了他的方法。

第二：萊布尼茲一向聲稱是他發明的，而牛頓先前好幾年都並未挑戰他的說法。

第三：萊布尼茲的私有文件中有他獨立發展微積分的證據。

第四：有些部分的微積分是萊布尼茲和牛頓合作之下發展出來的。」

　　周先生說：「這好像相當合理，那牛頓這邊是怎麼樣回應的呢？」

　　衛連絲女士說：「牛頓完全不理會。他一手安排皇家學會中自己的心腹，組成一個調查委員會，根本不邀請萊布尼茲以及任何支持萊布尼茲的人來說明他們的觀點。他就如此片面的宣布，萊布尼茲剽竊了他的微積分發明。」

　　周太太說：「牛頓這樣未免做得太絕了吧？」

　　衛連絲女士說：「是呀！可憐的萊布尼茲，至死含冤，飲恨而去。其實他的數學才能和超人的智力，根本無庸置疑。不論微積分是否是牛頓先發明的，萊布尼茲對數學界的貢獻都已經是功不可沒了。他在1675年就提出來的積分和微分符號，現在還是全世界共同使用的標準。牛頓當時似乎取得了一時的勝利，可是反倒

成了英國數學界進展的絆腳石。」

周先生問說:「為什麼呢?」

衛連絲女士說:「萊布尼茲是德國人。為了這件事,英國和德國的數學界,以至於歐洲大陸其他國家的數學家有了無法彌補的裂痕。愚蠢的愛國主義竟然使英國數學界在一百五十年後才覺醒,開始採用萊布尼茲的符號,以及引進其他歐洲國家的數學知識。這使得英國的數學遲滯不前一段很長的時間。這是多大的代價呀!」

周太太說:「您認為牛頓要負這責任嗎?」

衛連絲女士說:「牛頓對整個人類科學界的偉大貢獻當然是沒話說,可是他為了個人名譽的虛榮,確實浪費了很多精力資源,有時甚至弄得他自己也精疲力竭,影響了他在科學方面的進展,相當可惜。」

16 巨人的殞落

　　周太太問說：「他後來就再沒有什麼科學上的貢獻了嗎？」

　　衛連絲女士說：「是的。不過牛頓實在是一個精力超人的天才。他在研究《聖經》上的功夫也是空前絕後。他在神學和《聖經》年代學上寫的著作，比在科學上寫得還多。到現在還是最具權威，最有參考價值的資料呢！」

　　周先生說：「牛頓的晚年過得如何呢？」

　　衛連絲女士說：「表面上看來可以算是不錯了。他比他的對手，像虎克、佛蘭斯蒂德、萊布尼茲，都要幸運多了。他活得比他們久，生活比他們舒適，而且名聲比他們高出很多。他被安妮女王封為爵士，還身兼皇家學會會長和鑄幣廠廠長。收入豐富，

身體也相當不錯。

「牛頓晚年時開始向他的甥女婿康杜特口述他生平的一些故事,也就成了後人為牛頓寫傳記的主要資料來源。他曾經對康杜特說,宇宙間萬物無窮的奧妙,世人再怎麼努力日以繼夜的研究,都只能看到一點一滴。牛頓覺得自己就像一個在海邊玩耍的孩子,偶然發現了一塊特別光滑的石頭或者格外漂亮的貝殼,但是在他面前如汪洋大海般的真理,絕大多數都還沒有被發現呢。」

周太太說:「這才真是學然後知不足呢!連牛頓這樣自認為受天命來闡釋自然奧祕的人,都仍然覺得只探索到了皮毛而已。學海真是無涯呀!」

衛連絲女士說:「1727 年的 3 月 2 日,牛頓最後一次參加皇家學會會議。3 月中旬,他的身體

健康狀況突然惡化，加上痛苦的腎結石發作。20日的凌晨，這位人類科學之父終於去世，享年八十五歲。在當時可以算是罕見的長壽了。兩個星期之後，牛頓以英國最高禮儀被安葬在倫敦的西敏寺教堂，備極哀榮。你們到過那兒了嗎？」

周先生說：「我們就是在那兒看了牛頓的墓碑，才作了這次探尋牛頓之旅。現在我們對牛頓整個一生有了深刻的了解，他不再只是一個空洞的偶像了。」*

周先生和周太太兩人謝過了衛連絲女士，步出了皇家學會。

放大鏡　＊牛頓時代中國的情況和中國的科學技術歷史

在政治方面，1644 年，牛頓兩歲的時候，明朝滅亡，清朝的順治皇帝入關，開始統治中國。1662 年，牛頓二十歲的時候，鄭成功從荷蘭人手中收復臺灣。

回溯中國的科學技術歷史，中國古代本來有很長的一段時期都居於世界領先的地位。其中成就最大的是農業、天文學、數學和中醫學。

春秋戰國時代的中國就廣泛使用鐵器，有大規模的水利工程，數學上建立了十進位制，天文學方面有了世界上最早的星象圖。晉朝時候的葛洪在牛頓也深感興趣的煉丹術上有深厚的研究，對原始的化學有極大的貢獻。

中國科學和技術的發展，經過隋唐宋元，達到了高峰，可是在明清的時候，急速的走下坡。

在基本科學方面，中國在牛頓在世的當時可以說遠遠落後於英國。中國自從唐代以後，一直到清朝末年，一千三百年的長時期，沒有出過一位數學家。而歐洲則不斷有傑出的數學家承先啟後，薪火相傳。牛頓推出了新的科學理論之後，英國乃至於歐洲的學者都紛紛起而效尤。但是中國要一直到民國之後，才有人在這方面開始學習研究。

明朝時期有名的《天工開物》一書，網羅了當時中國所有衣食住行，以至於武器和藝術等等各行各業一百三十多種生產技術和工具的名稱、形狀和程序，可以算是一本工業技巧的百科全書。它雖然沒有基本科學方面的內容，但是仍然有極高的歷史和實用的價值。清朝政府竟然認為《天工開物》這本書有反清的意識，藉口編纂《四庫全書》，把《天工開物》的部分資料包含進《四庫全書》之後，竟然把《天工開物》焚燬，列為禁書。這對中國科技方面的進展，也有一些負面影響。

一直到鴉片戰爭之後，西方科學才開始大量輸入中國。在洋務運動、戊戌政變和辛亥革命這些大的變化之下，中國才開始全面吸收西方的科學知識。

牛頓

1642 年	出生。
1645 年	母親改嫁，將牛頓交由其外祖父母撫養。
1652 年	繼父過世，母親帶著牛頓同母異父的弟妹搬回家和牛頓同住。
1654 年	離家進入中學。寄宿在藥劑師克拉克先生家。
1661 年	進入劍橋大學三一學院就讀。
1665 年	大學畢業。因為爆發鼠疫，牛頓回到家鄉。
1665～67 年	發明微積分，發現萬有引力定律。
1667 年	回到學校。發明反射性望遠鏡。
1668 年	獲碩士學位。
1669 年	任劍橋大學盧卡斯數學講座教授。

1671 年	在英國皇家學會展示反射性望遠鏡。
1672 年	被選為英國皇家學會會員。
1684 年	哈雷向牛頓請教彗星運行軌道的曲線形狀。牛頓開始撰寫《數學原理》。
1687 年	出版《數學原理》，共三大冊。
1689 年	被選為國會議員。
1696 年	任鑄幣廠督察。移居倫敦。
1699 年	接任鑄幣廠廠長。微積分爭議開始醞釀。
1703 年	任皇家學會會長。
1704 年	出版《光學》。
1705 年	被安妮女王封為爵士。
1711 年	微積分爭議全面爆發。
1727 年	去世。

獻給孩子們的禮物

「世紀人物100」

訴說一百位中外人物的故事

是三民書局獻給孩子們最好的禮物！

◆ 不刻意美化、神化傳主，使「世紀人物」
  更易於親近。

◆ 嚴謹考證史實，傳遞最正確的資訊。

◆ 文字親切活潑，貼近孩子們的語言。

◆ 突破傳統的創作角度切入，讓孩子們認識
  不一樣的「世紀人物」。

兒童文學叢書

第一次系列

生命不能重來，童年無法NG

提供孩子生活所需的智慧維他命，
與孩子共享生命中的成長初體驗！

兒童文學叢書

文學家系列

每一個文學家的一生，都充滿了傳奇⋯⋯

「文學家系列」，

邀您進入文學大師的祕密花園！

榮獲第五屆
人文類小太陽獎

震撼舞臺的人
戲說莎士比亞

愛跳舞的女文豪
珍·奧斯汀的魅力

醜小鴨變天鵝
童話大師安徒生

怪異酷天才
神祕小說之父愛倫坡

尋夢的苦兒
狄更斯的黑暗與光明

俄羅斯的大橡樹
小說天才屠格涅夫

小小知更鳥
艾蜜莉特與小婦人

哈雷彗星來了
馬克·吐溫傳奇

解剖大偵探
柯南·道爾vs.福爾摩斯

軟心腸的狼
命運坎坷的傑克·倫敦

兒童文學叢書

第一次系列

生命不能重來，童年無法NG

提供孩子生活所需的智慧維他命，
與孩子共享生命中的成長初體驗！

國家圖書館出版品預行編目資料

科學之父：牛頓／唐念祖著;卡圖工作室繪.－－初版
三刷.－－臺北市：三民，2016
　　面；　　公分.－－(兒童文學叢書／世紀人物100)

ISBN 978-957-14-4955-5　(平裝)

1.牛頓(Newton, Isaac, Sir, 1642-1727) 2.傳記 3.通
俗作品

784.18　　　　　　　　　　　　　　　96025129

©　科學之父：牛頓

著 作 人	唐念祖
主　　編	簡　宛
繪　　者	卡圖工作室
發 行 人	劉振強
著作財產權人	三民書局股份有限公司
發 行 所	三民書局股份有限公司
	地址　臺北市復興北路386號
	電話　(02)25006600
	郵撥帳號　0009998-5
門 市 部	(復北店)臺北市復興北路386號
	(重南店)臺北市重慶南路一段61號
出版日期	初版一刷　2008年1月
	初版三刷　2016年4月修正
編　　號	S 782040

行政院新聞局登記證局版臺業字第○二○○號

有著作權·不准侵害

ISBN　978-957-14-4955-5　(平裝)